급진의 20대

K-포퓰리즘 — 가장 위태로운 세대의

초판 1쇄 발행 2022년 1월 28일
초판 2쇄 발행 2022년 3월 20일

지은이 　김내훈
펴낸이 　이영선
책임편집 이민재

편집 　이일규 김선정 김문정 김종훈 이민재 김영아 이현정 차소영
디자인 　김회량 위수연
독자본부 김일신 정혜영 김연수 김민수 박정래 손미경 김동욱

펴낸곳 서해문집 | 출판등록 1989년 3월 16일(제406-2005-000047호)
주소 경기도 파주시 광인사길 217(파주출판도시)
전화 (031)955-7470 | 팩스 (031)955-7469
홈페이지 www.booksea.co.kr | 이메일 shmj21@hanmail.net

ⓒ김내훈, 2022
ISBN 979-11-92085-09-8 03300

급진의 20대

K-포퓰리즘 — 가장 위태로운 세대의

김내훈 지음

서해문집

내가 한국의 '20대 현상'에 관심을 두게 된 이유는 딱히 특별할 것이
없다. 그냥 내가 (적어도 이 글을 쓸 때까지는) 20대이기 때문이다. 미디어
문화연구 석사과정에 있던 2020년 전후, 세상은 '분노한 남자들' '한
남' '20대 남자'로 떠들썩했다. 마침 내 가까운 친구들은 '20대 남자'
의 모습과 많은 부분에서 닮아 있었고, 나는 이 이야깃거리가 두고두
고 한국사회의 중요한 문제로 남을 것이라고 생각했다.

　흔히 말하는 '괴물이 된 20대' '혐오와 열패감으로 찌든 한남'에
머무르지 않는 이면의 이야기를 들어보고 싶었다. 나는 친구들을 인
터뷰해 '현재 20대 남성의 감정구조'라는 제목의 짧은 리포트를 썼
고, 내친김에 그 문제의식과 연구대상을 20대 전반으로 확장해 〈한
국의 '20대 현상'과 포퓰리즘의 관계에 관한 연구: 좌파 포퓰리즘의
가능성을 중심으로〉라는 석사 학위논문을 완성했다. 이 책은 그 논

문의 일부를 바탕으로 고치고 새로 쓴 것이다.

　호기롭게 포퓰리즘을 주된 문제틀로 설정했지만, 포퓰리즘이란 굉장히 까다로운 개념이다. 여기저기서 '포퓰리즘의 시대'라고 말하지만, 정확히 그 시대란 어떤 것인지 말해줄 수 있는 사람은 거의 없다. 차라리 "포퓰리즘 시대라고 불리고 있는 시대"[1]라고 하는 게 맞을지도 모른다. 그래서인지 어디에나 이 말을 붙이는 게 어느 정도는 용인되는 분위기다.

　다른 한편 이러한 시류를 반대로 타며 포퓰리즘 감별사를 자처하는 사람도 있다. 이들은 정당정치가 완전히 무르익지 않은 상태에서 포퓰리즘을 이야기하는 건 무리라고 주장한다. 더욱이 한국의 특수성을 고려하지 않고 해외(남미)에서 수입해온 좌파 포퓰리즘 개념을 논하는 것도 무책임한 일이라고 비판한다. 일리 있는 지적이다.

그래서 나는 이 책의 부제에 'K-포퓰리즘'이라는 말을 넣었다.

한국의 민주주의는 길지 않은 역사에도 불구하고 다른 나라의 민주주의 이행에 영감을 줄 만큼 빠르게 성숙했다. 또한 후발 자본주의 국가 중에서도 말석에 끼던 나라가 어지러울 정도의 급성장을 거듭하며 명실상부한 자본주의 선진국 대열에 합류하게 되었다. 한국 문화는 온라인게임, K-팝, 영화, K-드라마 등의 세계적 유행에 힘입어 일시적·국지적 한류가 아닌 각국 문화의 하위장르로까지 자리매김한 상황이다. 이렇듯 부문을 막론하고 한국이 이뤄낸 발전의 속도는 '빠름'을 넘어 '과격함'이라고 표현해도 무방해 보인다.

바로 이 '과격함'이라는 것에 대해 이야기하고자 한다. 한국은 원하든 원치 않든 서구 선진국들에 불어닥친 '포퓰리즘 계기'로 인한 지각변동의 낙진을 맞으며 그에 동기화해야 한다. 그러면서 한국의 정치·경제·문화는 위에서 말한 특수성을 유지한 채 아주 독특한 포퓰리즘을 배태하고 있는 것으로 보인다. 바로 '과격함'의 포퓰리즘이며, 이것은 한순간에 엄청난 퇴행을 몰고 올 수도 있고, 괄목할 수준의 진보를 성취할 가능성을 내재하기도 한다. 나는 여기에 'K-포퓰리즘'이라는 이름을 붙였다. 그 어떤 낙관이나 비관도 섣부를, 예측은커녕 그 방향조차 가늠할 수 없는 거센 급류를 만들어내는 포퓰리즘일 것이다.

그 급류의 중심에 20대가 있다. 나는 오늘날 한국의 20대를 '가장 위태로운 세대'로 호명한다. 한국사회는 물론 세계 도처에서 거대한 시스템 붕괴의 징후가 나타나는 가운데 20대들은 탄광 속의 카나리아처럼 가장 먼저 반응하고 있다. 그것은 혐오, 증오, 적대, 내부 갈등으로 표현되기도 하고 특정한 투표 경향, 보이콧, 집단적 비토 등으로 드러나기도 한다. 나는 이것들을 모두 망라할 수 있는 용어로, 어떤 방향성이나 가치판단을 함축하지 않는 '급진'을 제안한다.

2022년 1월

김내훈

차례

"

지금 한국사회의 가장 문제적 화두는 다시 '20대 현상'이다. 이는 정확한 명명은 아니다. 20대 현상과 직간접으로 묶이는 세대는 20대, 2030, 90년대생, MZ세대 등 지칭에 따라 10대-40대를 아우르기 때문이다. 그러나 각종 여론조사 등에서 짐작할 수 있듯, 20대 현상의 특징을 도드라지게 드러내는 이들은 만 18세부터 1990년 언저리에 태어난 30대 초반까지의 젊은 사람들이다. 따라서 우리가 '20대 현상'이라고 부르는 이슈의 주체는 '선거권이 있지만 취직이나 결혼 등을 통해 사회에 자리 잡은 경우는 아직 소수인 청년층'으로 줄잡을 수 있다. 이 책에서 끊임없이 언급될 오늘의 20대(그리고 청년) 역시 이들을 지칭한다.

오늘의 20대는 동시대 여타 세대는 물론, 과거의 20대와도 판이한 집단이다. 보수화와 탈-정치화(정치혐오), 공정과 반反위선 추구,

혐오와 피아 구분… 선명하면서도 언뜻 모순적인 이런 특질들로 인해 20대는 '문제'이자 '현상'이 되었다. 이제 20대 현상은 전공과 분야를 막론한 질문이며 눈에 안 보이는 셈 치고 대충 넘어갈 수 없는 '방 안의 코끼리' 같은 존재다. 학계와 논단에서는 매일같이 이 질문을 둘러싼 갑론을박이 이어지고, 언론사들은 부랴부랴 '청년 필진'을 모셔다가 2030의 목소리를 듣는 마케팅을 벌인다. 그런 시류에 영합한 모 신문사에서는 불혹이 코앞인, 십 수년 전부터 논객으로 이름을 날린 필자까지 데려와 청년들의 새로운 시각인 양 늘어놓는 코미디를 연출하기도 했다.

평창, 인천공항, 4·7 재·보선

오늘의 '20대 현상'은 언제부터 시작되었을까?

2017년 대통령선거에서 20대 유권자의 47%는 문재인 후보를 지지했다. 진보정당 후보였던 심상정의 득표를 더하면 60%에 달했다. 20대는 두 후보에게 그들의 전체 득표율(문 41%, 심 6%)을 넉넉히 상회하는 지지를 보낸 것이다. 반면 가장 보수적인 후보였던 홍준표의 20대 득표율은 8%였다. 안철수와 유승민을 포함한 주요 후보 다섯 가운데 가장 저조한 성적표였다. 요컨대 2017년의 20대는, 문재

인·심상정에게 64%의 지지를 보낸 30대와 더불어, 한국사회에서 가장 진보적인 세대였다.[1]

20대 현상의 전조, 혹은 첫 돌출은 2018년 평창 동계올림픽에서 찾을 수 있다. 아이스하키 남북단일팀에 대한 반대 여론이 20대를 중심으로 격하게 번져나간 것이다. 당시 극적으로 조성된 남북 화해 분위기에 벅차 있던 기성세대에게 이는 당혹스런 경험이었다. 같은 해 여름, 예멘 난민 수용 논란에서 상당수 20대는 '젊을수록 포용적이고 개방적'이라는 통념을 무너뜨리는 반응을 보이면서 '청년 보수화'라는 우려 혹은 기대를 촉발한다.

2019년 조국 전 법무부장관 후보자 검증 과정에서 불거진 일가족의 비위 혐의는 '보통 20대의 박탈감'에 불을 당겼다. 이후 '조국 사태'는 한국 청년세대의 주요 의제였던 공정 담론과 맞물리며 한국사회를 뒤흔들게 된다. 문재인 정권에 대한 20대 유권자의 지지율은 하락을 거듭했다. 당시 정부·여당의 인기 하락은 특정 연령대의 문제가 아니었지만 20대의 민심 이반은 특히 심상찮은 일이었고, 그렇기에 '사건'이 되었다. 이런 돌출은 마침내 '20대 현상'으로 호명되기 시작했다.

그러나 20대의 목소리는 한동안 정치로 대표되지 않았다. 2018년 아이스하키 단일팀과 난민 논란이 불러일으킨 '청년 보수화' 이슈는 그해 지방선거에서 힘을 쓰지 못했다. 2019년 조국 사태에서 불거진 '20대의 분노' 역시 이듬해 총선에서 투표로 결집하는 데 실패했다. 두 차례 선거에서 기록적 압승을 거둔 정부·여당에게는 20대의 비토가 별것 아닌 일로 보였을 것이다. 혹은 빠른 주기로 명멸을 거듭하는 '20대 현상' 담론에 선제 대응하는 게 시급한 일은 아니라고 여긴 듯하다. 그러나 21대 총선 직후인 2020년 6월, 표심으로 집계되지 않던 20대의 분노는 이른바 '인천공항 정규직화 논란'을 통해 본격적으로 들끓기 시작한다. 이는 이듬해인 2021년 4월 재·보궐 선거의 충격적인 결과로 이어졌다.

선거 결과 자체가 놀라운 일은 아니었다. 재·보선에서 여당이 고전하리라는 것은 누구나 예상한 바였다. 관심이 집중된 서울시장과 부산시장을 다시 뽑게 된 책임은 여당인 더불어민주당(이하 민주당)에 있었다. 게다가 두 지자체장의 궐위가 모두 성폭력과 결부된 탓에 수년 전부터 집권 세력에 씌어진 '위선' 프레임이 절정에 달했다. 급기야 선거일 직전에는 한국토지주택공사LH 직원들의 부동산 투기 사태가 터지면서 그간 쌓여온 부동산·집값 문제에 대한 시민들의 불만이 일거에 폭발했다.

이렇듯 정부·여당에 대한 비토 여론이 폭증하는 가운데 치러진 재·보선 결과는 예상대로였다. 여당은 호남을 제외한 모든 지역에서 졌고, 특히 서울과 부산 시장 대결에서는 그야말로 참패했다. 불과 1년 전 총선에서 거둔 압승의 기쁨에 취해 있던 여당과 그 지지자들에게는 쓰라린 결과였을 것이다.

하지만 이 선거가 충격적인 이유는 따로 있다. 민주당의 20대 유권자 득표율이 우려한 것보다도 현저히 낮았다는 점이다. 특히 서울과 부산 시장 선거에서 20대 남성 유권자는 야당인 국민의힘 후보에게 각각 72.5%, 63%라는 몰표를 던졌다. 20대 여성의 경우, 서울시장 선거에서 44%가 민주당 후보에게 40.9%는 국민의힘 후보에게 투표했다. 양당이 아닌 제3후보에게 15%가량의 지지를 보낸 점도 눈에 띈다. 미디어는 20대 남녀의 민주당 지지율 차이에 주목했지만, 20대 여성의 여당 지지율 역시 직전 선거에 견줘 20%가량 폭락한 것이다.

30대 이하 여권 지지층의 급격한 이탈과 20대 안에서의 남녀 지지율 격차, 두 가지는 미디어와 학계의 시급한 해석 과제로 떠올랐다. 특히 20대 남성의 돌출적 투표 경향은 '이대남 현상'으로 호명되며 정국을 뒤흔들었다. 2022년 20대 대통령선거를 앞두고 정치권에서는 '이대남'의 표심을 굳히거나 되찾기 위해 온갖 노력을 기울이고 있다. 이대남뿐만 아니라 젊은층 일반의 정서를 '2030세대론'으로 묶으며, 이 현상을 2030과 '86'으로 표상되는 기성세대 간에 벌어질 전례 없는 세대갈등의 신호탄으로 보는 전망도 있다.

정치권과 미디어는 명멸하는 20대 현상 담론을 각자의 시각에서 각자의 의도로 해석하고, 제각기 유리한 알리바이로 삼으려 한다.

이래서는 20대 현상으로 통칭되는 문제들에 대한 정답은커녕 상이한 시각들의 합의점을 찾는 것도 요원하다. 그렇다 보니 20대 현상이라는 게 과연 실체가 있는 것인지 의문이 들 법도 하다. 가령 한국의 젊은 유권자들이 특정한 이념이나 가치에 투표하는 게 아니라 단지 그때그때의 상황과 이익에 따라서 투표하는 것이라면? 이를 세대적 특성으로 볼 수야 있겠지만 애써 분석하고 해석할 '현상'은 아닐 것이다. 혹은 이런 투표 경향을 정치권과 미디어가 각자의 구미에 맞게 20대의 반-정부화, 청년 보수화 등으로 곡해하는 것인지도 모를 일이다.

희망의 증거이자 환멸의 대상

20대, 90년대생, 2030, MZ세대, 청년 등 다양한 이름의 특정 코호트 cohort는 정치·사회·문화·경제 담론의 주인공으로 부상했다가 가라 앉기를 반복하고 있다. 그런 국면들마다 20대에 대한 평가는 양극단을 오갔다. 지난 20년간 20대는 희망의 증거이자 동시에 환멸의 대상이었다. 과거에는 달랐다. '진리의 상아탑'을 박차고 거리에 나서 정권과 역사를 바꾼 1960년 4·19혁명의 대학생들에서부터 1979년

부마항쟁, 1980년 광주민주화항쟁, 1987년 6월항쟁의 대학생들까지, 지난 세기의 20대는 진보의 담지자이자 변혁의 주체, 시대의 희망이었다.

평가가 바뀐 것은 2000년대 들어서다. 그 시작을 알리는 유명한 논평으로 2003년 홍세화의 《한겨레》 칼럼 〈그대 이름은 무식한 대학생〉[2]이 있다. 이후 이른바 '20대 개새끼론'이 추가되면서 한국사회에서 20대는 진보의 디딤돌이자 진보의 걸림돌이라는 모순적 타이틀을 가지게 된다.

'20대 개새끼론'이 공론장에 대두한 시기에 주목해보자. 홍세화의 글이 발표된 2003년은 노무현 정권의 주도 아래 신자유주의 바람이 본격화한 때다. 작은 정부, 규제 완화, 시장 개방을 골자로 한 신자유주의 경제 시스템은 김영삼 정권에서부터 '세계화'라는 이름으로 싹을 틔웠다. 이어 등장한 김대중 정권은 전임자가 물려준 IMF 외환위기에 대응하기 위해 정리해고제, 파견근로제 등의 신자유주의적 노동 정책을 단행했다. 한국인들의 일상을 차츰 바꾸어놓은 일련의 변화는 노무현 정권에 이르러 사회 양극화라는 거대한 흐름으로 이어지게 된다.

국가경제의 성장과 별개로 시민들의 삶은 불안해졌고, 고등교육의 초점은 오로지 취업에 맞춰졌다. 학과 통폐합 등 취업률에 따른 구조조정이 벌어지며 대학 내 분위기도 탈바꿈했다. 자연히 대학생들은 정치를 비롯한 학교 바깥의 세상사에 무관심했다.

이때만 해도 20대의 정치 무관심은 신자유주의가 초래한 소비사회-소비문화에 기인한다고 여겨졌다. 홍세화의 글에서 한국의 대학은 초중고 12년간 고생한 학생들을 위해 마련된 "'먹고 마시고 놀자' 판의 위락시설"이다. 그가 묘사한 대학생은 진정한 공부가 아니라 수능 문제를 푸는 요령을 익히는 학습노동만 해온 자들이다. 이들은 성적에 맞춰서, 대학 이름만 보고 인간에 대한 아무런 고민 없이 철학과나 문학과를 선택했다. 혹은 취업에 유리하다는 이유만으로 시류를 좇아 경영학과나 의대, 약대에 지원했다.

놀랍도록 단순한 진단이다. 어쩌면 지식인이 이토록 나이브한 진단을 내놓아도 문제가 없던 그 시기야말로 태평성대였을지도 모르겠다. 2007년 출간된 우석훈·박권일의 《88만원 세대》는 2030이 처한 문제를 승자독식구조와 세대 간 착취라는 정치경제적 측면에서 살핀 문제작이다. 이 책은 한국 청년들이 겪는 정치적 무능과 무력감을 무지나 소비주의에서만 찾을 수 없음을 보여준다. 그럼에도 저자들의 당부는 한국의 청년들에게 본인들이 처한 조건을 제대로 인식하고 각성해 '토플책을 덮고 거리로 나와 봉기라도 하라'는 것으로 마무리된다. 이렇게 '세대 착취'를 해결할 책임은 다시 청년들에게 지워진다.

우석훈·박권일의 논의는 홍세화의 명제와 만나고, 아직 남아 있던 20대 청년에 대한 기대와 희망이 섞이며 모종의 '20대 진보 맹아론'이 배태된다. 말인즉 지금은 20대가 놀고먹기만 하거나 취업 준비에만 매몰된 탓에 정치적 결집이 안 되는 건 사실이지만, 20대가 자신들이 처한 사회구조를 자각하고, 이것이 정치적 각성(연대와 투표)으로 이어진다면 한국사회에 변혁을 일으키리라는 기대다. 우석훈은 자신의 책이 그런 계기를 제공해줄 것이라 믿었다. 책은 베스트셀러가 되었고, '88만원 세대'는 한 시대와 세대를 상징하는 일반명사로 자리잡았다. 그러나 그가 바라던 그림─청년들이 거리에 나서 바리케이드를 치고 짱돌을 드는 일─은 현실에서 일어나지 않았다. 우석훈은 이에 공개적으로 실망감을 표출하며 《88만원 세대》의 절판을 선언하기도 했다.

이대남보다 20대가 먼저다

홍세화에서 우석훈·박권일까지 '20대 담론'의 변천과 착종에서, 오늘날 '20대 현상' 논의에서 감지되는 어떤 조급함과 환멸의 기미를 읽을 수 있다. 2016년 겨울, 박근혜 정권의 국정농단 사태 초기부터 대학생들은 각계 시국선언의 선두에 있었고, 이어진 촛불집회에서도 대거 거리로 나와 촛불을 들었다. 탄핵 이후 치러진 선거에서도 문재인·심상정에게 가장 많은 표를 던짐으로써 20대는 '가장 진보적인 세대'로 떠올랐다. 그러나 불과 한두 해 만에 이들은 가장 과격하게 전향(?)한 세대로 지목된다. 20대 남성을 중심으로 문재인 정권에 대한 거대한 비토 여론이 형성되자, '20대 (남성) 보수화' 나아가 '극우화'라는 딱지가 붙게 된 것이다.*

자연히 다음과 같은 질문들이 뒤따른다. 정말로 한국의 20대 남성들은 촛불혁명 직후 불과 1-2년새 급격히 보수화된 것인가? 그게 아니라면 2016년 촛불혁명은 과거의 민주화항쟁과 다른 성격을 갖는 것인가? 혐오가 문제라면 그것이 유달리 두드러지게 된 이유는 무엇이며 어떻게 진단하고 처방할 것인가? 보수화를 넘어선 탈-정치화(정치혐오), 공정과 반-위선으로 표상되는 '20대 현상'이 남성에게서만 관찰된다고 볼 근거는 있는가? 아니라면 이 문제를 20대 일

---

* 20대 남성이 문재인 정부와 민주당에 반감을 갖는 것 자체는 문제 삼을 일이 아니다. 다만 이것은 2015년 '메갈리아'의 탄생과 2016년 강남역 살인사건 및 시위 등 몇 가지 사건에 대한 유별난 반동적 대응과 엮이면서, '페미니즘 제4물결'의 장기파동 아래서 해석될 여지를 남겼다. 반-페미니즘과 여성혐오(또는 혐오 일반), 정체성 정치를 키워드로 삼아 20대 남성의 유난한 돌출을 설명하려 한 시도가 그것이다. 20대 남성의 저조한 민주당 정권 지지율은 여성혐오, '백래시'와 연결되면서 20대 보수화·우경화·극우화 명제의 출발점이 되었다. 이러한 논의에서 '한국 남자' 줄여서 '한남'이라는 표현이 비롯되었고, 이 말이 변형된 게 '이대남'이다.

반, 나아가 한국 청년의 문제로 보편화할 수 있는 논리는 있는가? 오늘의 '20대 현상' 역시 지난 수년간 떠오르고 가라앉기를 반복했던 무의미한 순환 담론의 한 국면에 불과한 것은 아닌가?

이 책은 '20대 현상'이란 무엇이며 이것을 어떻게 사고할 것인지, 그 해답을 찾는 것을 일차 목표로 한다. 기존의 담론은 공론장에 새롭게 등장한 의제들—페미니즘 및 정체성 정치identity politics[*]와 정치적 올바름political correctness, PC—에 20대 남성들이 보이는 일련의 반동을 '이대남 현상'으로 규정한다. 여기에 문재인 정권 집권 2년차 이후의 어쩌면 자연스러운 지지율 하락이 전례 없이 높았던 초기 지지율과 비교되어 폭락으로 조명되고, 지지율 하락의 중심에 있는 20대 문제가 시급한 화두로 떠올랐다. 이에 학계와 논평가들은 대체로 '이대남 현상'과 그들의 여론에 주목한다. 미디어와 정치권은 20대 남성의 돌출된 경향을 뚜렷한 근거 없이 20대 전반의 것으로 일반화하면서도, 필요에 따라 젠더갈등에 편승하는 모순적인 행보를 보인다.

특별히 상기해야 할 것이 있다. 페미니즘을 제외한 정부·여당발

---

[*] 계급·인종·성별·종교·전통 등 특정 집단의 정체성을 기반으로 정파를 구성하고, 해당 정체성을 정파의 강령이자 윤리적 잣대로 내세우는 정치운동. 1970년대 이후 일련의 사회운동과 결합하며 제도권 정치의 한 조류로 떠올랐다. 2010년대 이후 정체성 정치는 그 배타성이 크게 부각되면서 비판의 대상이 되어왔다.

의제에서, 20대 여성들의 입장과 태도가 남성들과 크게 다르다고 볼 근거가 없다는 점이다. '20대 현상'에서 젠더갈등-차이를 사고하려 할 때 발생하는 혼란은 '이대남 현상'의 렌즈로 20대의 보편적 여론을 검토하는 한 피할 수 없다. '20대 현상'을 먼저 경유해 '이대남 현상'을 사고해야 한다. 그렇다면 '20대 현상'을 제대로 볼 수 있는 렌즈는 무엇일까? 바로 포퓰리즘Populism이다.

" 여러분은 평생 "노력한다면 이룰 수 있어"라는 말을 많이 들어 왔을 것이다. 하지만 이제는 여러분도 안다. 아무리 노력한다 한들 정규직 일자리, 살기 좋은 보금자리, 또는 교육 수단이 보장되지 않는다는 현실을.

헬렌 레이저,
《밀레니얼은 왜 가난한가》,
2019.

"

지난 수년간 일부 젊은 남성을 중심으로 행해진 일련의 반-사회적 언동(가령 일베 회원들의 폭식투쟁 등)이나 페미니즘에 대한 반동, 소수자를 향한 혐오 발언이 문제가 되어왔다. 인터넷 시대 이래 이용자들의 몰지각한 행태는 언제나 존재했지만, 이것이 사회적 문제로 호명되는 것은 정부·여당에 대한 청년층의 유다른 반감을 강조하는 여론조사 결과와 엮이기 때문이다. 범-진보 진영으로 간주되는 문재인 정권에 대한 반감은 곧잘 (리버럴을 포함한) 진보적 정책과 의제에 대한 반대로 해석된다. 이는 인터넷 '남초 커뮤니티'에서 흔히 관찰되는 반-사회적 언동과 결부되어 청년의 극우화 명제로 이어진다.

인터넷상의 과격한 행태, 페미니즘 등 진보적 의제에 대한 반감, 저조한 국정 지지율은 서로 유관할 수도, 무관할 수도 있는 개별적 사건이다. 이렇듯 독립된 사안들을 하나의 흐름-계통에 엮어 유의미한 현상으로 보이게 만드는 것이 '담론'이다. 앞서 개괄한 20대 현상과 그로부터 파생한 의문에 답하기 위해서는 이 담론에 대해 잠깐이나마 알아볼 필요가 있다.

담론의 기원
① 인간은 추측하는 존재

담론談論, discourse이란 현실을 설명하기 위한 언어 행위다. 담론은 고도의 철학적 사고를 요구하는 개념으로, 이에 대한 본격적 고찰은 내 역량 밖의 일이다. 다만 여기서는 내가 조금이나마 배워놓은 인지과학과 몇몇 이론을 경유해 담론이라는 것을 간단히 설명하고자 한다. 이를 통해 이 책에서 '논의'나 '이야기' 등 쉬운 말을 두고 굳이 '담론'이라는 용어를 쓰는 까닭이 이해되길 기대해본다.

　고등학교에서 연역법과 귀납법을 배운 기억이 있을 것이다. 한데 가추법abduction이라는 이름은 낯설다. 무슨 이유인지 모르겠지만 우리는 연역법과 귀납법만 배웠다. 굉장히 기이한 일이다. 가추법은 인간의 뇌가 작동하는 방식을 고스란히 따르는 논증 방식이기 때문이다. 가추법을 이해하는 가장 쉬운 방법은 연역법·귀납법과 성질을 비교하는 것이다.

연역법은 규칙에서 출발하여 사례를 통해 결과에 닿는다.

규칙: 모든 사람은 죽는다.

사례: 소크라테스는 사람이다.

결과: 소크라테스는 죽는다.

귀납법은 사례에서 출발하여 규칙을 도출한다.

사례: 소크라테스는 사람이다.

결과: 소크라테스는 죽는다.

규칙: 모든 사람은 죽는다.

연역법에서 규칙과 결과는 동어반복에 불과하다. 규칙 안에 결과가 이미 존재하기 때문이다. 규칙이 보편적으로 옳다고 받아들여지고 관찰된 사례에도 오류가 없으면 결론은 무조건 옳은 것이다. 잘못된 결론에 도달할 가능성이 없기 때문에 수정하거나 새로운 정보를 추가할 필요가 없다. 따라서 연역법에서는 지식의 변화나 진보가 발생하지 않는다. 반면 귀납법에는 반증 가능성이 존재하며 따라서 새로운 지식이 발생할 수 있다. 다만 귀납법으로 도출한 규칙이 100% 참이라는 보장은 없다. 단 하나라도 예외가 관찰되면 규칙은 틀린 것이 되어버리기 때문이다.

한편, 가추법은 규칙과 결과에서 시작해 사례에 도달한다.

규칙: 모든 사람은 죽는다.

결과: 소크라테스는 죽었다.

사례: 소크라테스는 사람이다.

가추법은 결론의 확실성이 가장 떨어지며, 반증 가능성에서도 가장 불안한 논증법이다. 따라서 귀납법에 비해서도 정확성이 훨씬 떨어진다. 가추법으로 이끌어낸 결론(사례)은 언제든 틀릴 가능성이 있는 추측이다. 위의 삼단논법에서, 규칙과 결과를 통해 소크라테스가 사람이라는 추측을 했지만 사실 소크라테스는 어느 반려견의 이름일지도 모를 일이다.

그런데 귀납법과 연역법에 견줘 나을 게 없어 보이는 가추법에는 앞의 두 논증법이 갖지 못한 커다란 장점이 있다. 바로 생산성이다. 연역법은 동어반복이기 때문에 생산성이 없다. 반례가 나올 때까지 끝없는 관찰이 요구되는 귀납법은 비효율적이다. 반면 가추법은 추론의 참·거짓 여부를 즉석에서 알 수 있는 경우가 많다. 따라서 추론이 틀린 경우, 가설로 세운 규칙을 수정하고 그에 맞춰 추론과 관찰을 반복하면 올바른 결론에 도달할 수 있다. 이렇듯 가추법에는 오류의 가능성이 상존하지만, 그 덕분에 새로운 지식이 발생할 수 있다. 다시 말해 생산적이다.

일상에서 응용하는 가추법의 사례는 이런 것들이다. 나는 새로운 식당을 찾을 때 미리 인터넷 평점을 확인한다. 대체로 5점 만점에 3.9점 이상이면 실망스럽지 않고, 4.4점을 넘기면 매우 만족스러운 식사를 할 수 있으며 먹는 와중에 재방문의 의지를 다지게 된다. 맛집은 으레 인터넷 평점이 높다는 '규칙'이 있고, 가려는 식당의 평점이 높을 때 나는 이곳을 맛집으로 '추론'하는 것이다. 물론 이 추론이 항상 들어맞는 건 아니다. 예컨대 식당 측에서 사람을 사서 평점을 조작할 수 있다. 좋은 평점을 대가로 서비스를 제공할 수도 있을 것이다. 그러니까 가추법이란, 엄밀히 말해 논증이라기보다는 사람이 살면서 벌이는 추론 행위 일반으로 볼 수 있다. 그만큼 일상에서 가추법을 사용하지 않으면 생활이 불가능할 정도다.

담론의 기원
② 생래적·문화적 언표의 연결

최신 뇌과학 연구는 의식적·무의식적인 인간의 모든 행동, 지각, 판단의 작동 방식이 가추법이라고 밝힌다. 뇌가 돌아가는 기본 논리라

카니자의 삼각형

는 것이다. 착시 현상을 예로 들어 보자.

　'카니자의 삼각형'이라고 불리는 이 그림에는 삼각형 대신 '팩맨' 형상 셋이 마주하고 있다. 그런데 우리는 여기서 삼각형을 본다. 가운데에 삼각형이 있을 것이라고 뇌가 추론하기 때문이다. 삼각형은 세 꼭짓점으로 이뤄진다(규칙). 내가 보는 그림에는 세 개의 꼭짓점이 있다(결과). 따라서 이 그림은 삼각형이다(사례). 가추법적 추론이다.

　만약 우리의 뇌가 추론하지 않고 외부의 시각 정보를 그대로 받아들이기만 한다면 위 그림은 세 개의 팩맨 이상이 아닐 것이다. 하지만 뇌는 인간이 보는 것을 능동적 추론으로 다시 구성해낸다. 요컨대 우리의 시각 경험은 눈이 아니라 뇌에서 일어난다. 촉각, 청각, 후각도 마찬가지다. 뇌과학자 데이비드 이글먼David Eagleman은 이렇게 설명한다. "당신이 경험하는 모든 것(광경, 소리, 냄새)은 직접 경험이 아니라 캄캄한 극장 안에서 펼쳐지는 전기화학적 연극이다. (…) 다양한 감각기관에서 들어오는 신호들을 비교하고 패턴을 감지함으로써 뇌는 '바깥세상'에 무엇이 있는지 최선의 추측을 한다."¹ 여기서 '최선의 추측' 메커니즘이 바로 가추법적 추론이다.

확언할 수 있는 것은 인간이 무엇을 지각하는 간단한 행위에도 다분히 능동적인 주관이 개입한다는 사실이다. 우리는 결코 사물을 있는 그대로 보지 않는다. 사물을 구성하는 원자핵과 전자 사이는 텅 빈 공간이지만 우리는 눈에 비치는 사물이 딱딱하고 고정된 물체라고 믿는다. 요컨대 우리가 사물을 사물로 보는 것은 착시나 환각과 다르지 않다. 우리는 늘 이러한 환각 속에 산다. 즉 환각을 경험해야만 일상생활이 가능하다.

이런 게 담론과 무슨 관계가 있다는 것인가? 카니자의 삼각형으로 돌아가서, 우리 눈에 '들어오는' 것은 세 개의 팩맨이다. 하지만 우리가 '보는' 것은 삼각형이다. 뇌가 개입해 세 팩맨의 입들을 잇는 가상의 선을 그리기 때문이다. 세 개의 꼭짓점이라는 정보와, 세 꼭짓점이 존재하는 도형은 삼각형이라는 사전 지식에 입각한 작용이다. 이처럼 뇌는 그때껏 축적해온 경험들로 '내부 모델'[*]을 만들고, 이를 기반으로 외부의 감각정보를 해석하고 익숙한 감각 경험으로 구성한다. 내부 모델은 생물학적일 뿐 아니라 문화적인 것이기도 하다.

담론의 기본 단위는 언표言表, statement다. 언표는 말해진 것(발화), 글, 이미지, 통계를 망라한다. 언표는 해석을 기다리는 고유한 의미를 지니며, 그것이 다른 언표와 어떻게 연결되느냐에 따라 항상 변화한다. 고유성과 특이성을 갖는 언표들이 계열화하며, 현상으로서 하나의 연결망에 묶인 것이 바로 담론이다. 이를테면 카니자의 삼각형에서 세 개의 팩맨은 각자 독립적인 언표다. 이것들이 정보-지식에 따라 삼각형이라는 개념으로 계열화한다. 마침내 세 팩맨은 하나의 유기체로 묶이며 삼각형이라는 담론을 구성한다.

'20대 현상'을 구성하는 언표는 다양하다. 2021년 재·보선에서 드러난 30대 이하 유권자의 투표 경향, 문재인 정권 2년차부터 지속된 20대 남성의 낮은 지지율, 진보적·자유주의적 정책에 대한 청년층의 반발, PC와 정체성 정치에 대한 반감, 공정성 논란, 위선 혹은 '내로남불'을 둘러싼 시비, 이른바 86과의 세대갈등과 20대 안에서의 젠더갈등, 인터넷 커뮤니티를 중심으로 행해지는 20대의 공공연

---

[*] 뇌에 내부화된 예측(추론) 모델. 정신모형mental model이라고도 한다.

한 혐오 발언… 언뜻 연관성이 불분명한 각각의 언표들을 계열화해 하나의 담론으로 만들어내는 사변체계를 주마간산으로나마 검토·비판하는 것이 이 책에서 하고자 하는 일이다.

2000년대
섣부른 환멸 또는 조급한 희망의 세대

20대 현상이라는 담론을 생산한 여러 문헌을 검토하건대, 공통적으로 어떤 조급함과 환멸이 감지된다. 이것은 프롤로그에서 살펴본 20대에 대한 지식인들의 양가적 평가와 무관하지 않다. 다만 공통점은 여기서 그친다. 각 문헌의 작성자들의 사회적 위치, 소속, 논단·학계 등과 맺는 관계에 따라 문제설정이 서로 다르기 때문이다. 상이한 문제설정은 상이한 해석과 진단을 낳는다. 요약부터 하자면, 대체로 진보좌파는 계급투쟁의 문제설정에서 '20대 현상'의 가장 심각한 문제는 청년 보수화와 계급의식의 결여라고 본다. 자유주의자들은 정체성 정치의 문제설정에서 각 언표들의 관계를 혐오와 결부시킨다.

　2000년대 들어 홍세화의 칼럼이 발표된 후 20대에 대한 평가는 희망과 환멸 사이를 진동했다. 홍세화가 각성과 변화를 촉구했던 대학생들은 90년대 후반에서 00년대 초반 학번이다. 심광현의 논문

〈세대의 정치학과 한국현대사의 재해석〉(2010)에 따르면 이들은 한국의 세대 집단 중 이른바 신세대와 IMF세대에 해당한다.[2]

이들은 서태지와 아이들의 등장 전후로 새로운 소비문화를 접하며 강한 문화적 자의식을 갖고 성장한 세대로 정의된다. 1990년대의 시작과 끝을 장식한 소련의 붕괴, IMF외환위기를 거치며 학생운동은 몰락하고 대학은 취업준비소로 전락했다. 자연히 이들 세대는 생존 경쟁의 이기주의를 체득했다. 그러면서도 장기화되는 경제 불황 등 곤궁한 조건에 내몰림에 따라 언제든 계급의식을 가질 수 있는 세대로 여겨졌다.

이러한 논의에는, 우석훈·박권일의 희망 섞인 전망이 그랬듯, 결국에는 누적된 불만이 터지면서 정치적 각성으로 이어질 것이라는 기대가 담겨 있다. 자본주의가 한계에 이르렀을 때 모든 게 무너짐과 동시에 모든 노동자가 연대하는 메시아적 순간의 도래를 꿈꿔온 진보좌파 진영의 관성이 엿보인다. 이런 평가를 받은 신세대·IMF세대는 현재의 40대다. 40대 유권자는 2017년 대선에서 문재인 후보에게 가장 많은 표를 던진 세대였고, 이후로도 가장 충성스러운 정부·여당 지지층으로 남아 있다. 이를 근거로 일각에서는 40대를 가장 진보적인 세대로 평가한다.

심광현과 공동연구를 진행한《문화과학》편집위는 같은 글에서 신세대와 IMF세대의 다음 세대로 촛불세대를 논한다. 2008년 미국산 쇠고기 수입 반대 촛불시위에 대거 나섰던 당시 중고등학생들을 가리킨다. 청소년이 정치 주체로 나선 일이 굉장히 오랜만이었기 때문에 논단과 학계는 촛불세대의 출현을 반겼다. 이들이 진보적 의식으로 무장하고 신자유주의 체제에 새로운 방식으로 저항하는 세대로 성장할 것이라는 장밋빛 전망도 뒤따랐다.

물론 섣부른 낙관이었다. 2008년 당시 촛불세대는 1990년대 초반생들로 오늘날 20대 현상의 주역이다. '90년대생' 'MZ' '2030'등 이들을 가리키는 말은 많지만 촛불세대라는 말은 자취를 감췄다. 진보적 의식과 저항은커녕 극우화가 염려되는 지경에 왔다. 기나긴 불황과 취업난, 때마침 이어진 9년간의 이명박-박근혜 정권을 살아오면서 그에 상응하는 가치관과 세계관을 갖게 된 탓이 클 테다. 진보좌파는 이 때문에 20대의 계급의식이 왜곡됐다고 말한다. 하지만 저항 정신이 완전히 사라진 것은 아니다. 이들에게는 반-권위주의와 젠더 감수성gender sensitivity이라는 세대적 성취가 있다. 불행하게도 '꼰대'를 거부하는 정서는 기성세대를 향한 무조건적 반감으로 비화되어 세대갈등을 추동하고 있다. 젠더 문제 역시 20대 내부에서부터 다양한 논란이 만들어지고 있다.

2010년대
① 아프니까 차별한다

20대의 세계관 변화, 그 가운데서도 '보수화'를 연구한 문헌으로 오 찬호의 《우리는 차별에 찬성합니다》(2013)가 있다. 여기서 20대는 "괴물이 된 세상에서 살아남기 위해 괴물이 되어"버린 세대다. "부당 한 사회구조의 '피해자'지만, 동시에 '가해자'로서 그런 사회구조를 유지하는 데 일조하는 존재"[3]로 묘사된다. 당시 대학교 강사였던 오 찬호는 강의 시간에 접한 대학생들의 '의외의 모습'을 충격적으로 회 고한다. 그 의외의 모습이란 'KTX승무원 정규직 전환 요구'에 연대 나 공감은커녕 시큰둥한 태도를 넘어서 "날로 정규직 되려고 하면 안 되잖아요"라고 외치며 승무원들의 요구를 부당하게 여기는 모습 이다. 저자에게 특히 충격적이었던 것은 "평소 시사 문제에 제법 진 보적인 성향을 보여주었"[4]고, 2008년 촛불시위에 적극적으로 참여 한 학생들조차 비정규직 문제나 철거민 문제 등에서는 유독 냉담하 고 야박한 태도를 보인 장면이었다. '촛불세대'에 걸었던 기대와 희 망이 실망으로 바뀌는 순간이다.

오찬호가 관찰한 대학생들의 논리는 "핑계대지 말고 스스로를 계발하라!"[5]로 요약된다. 책에 따르면 그들은 이러한 논리를 스스로 만들어낸 게 아니라 사회의 명령을 충실히 따르는 것에 불과하다. 명령이란 바로 자기계발 담론이다. 2012년 당시 20대 문제를 다룬 베스트셀러 10종 가운데 8-9종이 '어떻게 살아라' '나는 이렇게 살아서 힘듦을 극복하고 성공했다'는 식의 자기계발서였다. 자기계발이란 본래 교양 함양, 문화생활, 취미활동을 가리키지만, 20대 담론에서 이 말은 '성공'으로 가는 유일한 수단이다. 그리고 그 성공이라는 것은 갈수록 작달막해진다. 이들에게는 안정적 정규직 일자리가 곧 성공이다. 구직 외의 모든 활동은 사치이며, 노력과 무관한 일이다.

더 심각한 일은, '나는 이렇게 힘들었지만 노력으로 극복하고 성공했다'라는 이야기가 흥행하면서, 청년들이 자신의 곤궁과 고민을 남과 비교하기 시작한 것이다. 자기계발서가 드라마틱하게 묘사하는 온갖 어려움과 견주면 자신의 그것은 초라하게만 보인다. 자연히 타인의 고통도 같은 잣대로 평가한다. 그보다 더한 고난을 극복한 서사와 비교하며, 공감은커녕 '너보다 힘든 사람도 많아' '그러게 누가 그렇게 살래?'라고 반응하게 되는 것이다.

오찬호는 "자기계발의 신화를 해체하는 것이 '자기계발 논리의 폐해'를 줄이는 하나의 길이 될 것"[6]이라고 본다. 그는 한국의 대표적인 자기계발서인 《아프니까 청춘이다》(김난도, 2010)를 조목조목 비판하면서 책을 마무리한다. 하지만 《아프니까 청춘이다》가 한창 팔려나갈 당시에도 20대 사이에서 자기계발서에 대한 비난 여론은 굉장히 강했다. 노력하면 잘살 수 있다는 믿음을 가진 20대가 얼마나

되었을까? 즉 '자기계발=성공'은 일찌감치 깨진 신화였다.

그럼에도 20대는 여전히 자기계발에 몰두했다. 그리고 비정규직의 정규직 전환, 노동자 처우 개선 등의 정책이나 파업에 대한 현재 청년들의 반발은 더욱 맹렬해졌다. 결국 이들에게 자기계발은 나보다 덜 노력한 사람에게 가해지는 응징을 보며 스스로를 위로하기위한 수단이다. "상대적 비교에서 오는 자기만족"[7]을 붙들고 있는 것이다. 청년들이 왜 이것만 붙들게 되었는지가 중요하겠지만, 오찬호는 이를 단지 자기계발 담론의 역설적 효과라고 간단히 진단하고 넘어간다. 20대들에게서 나타나는 '의외의 모습'을 관념적으로만 사고한 데서 드러나는 한계.

2010년대
② 진부한 계몽

당시 20대에 대한 오찬호의 관념론적 비판은 '요즘 애들'을 훈계하는 논조로 옮겨간다. 그에게는 20대의 편견과 그릇된 마음을 바로잡는 것이 가장 시급한 과제이기 때문이다. 그는 몇 년 뒤 《그 남자는 왜 이상해졌을까?》(2016)라는 책으로 그 과제에 임했다. 이 책은 모든 연령대의 한국 남자 일반을 이야기한다. 하지만 당시에 강남역 사건을 비롯해 '메갈리아'를 둘러싼 갈등, 그리고 20대 남성의 여성혐오misogyny가 본격적으로 부상했다는 사실을 상기하면 20대 남성을 겨냥해 기획된 책이라고 볼 수 있다.

연재 칼럼을 모은 이 책은 주로 정보 전달과 문제점 지적, 답답함 호소, 변화를 촉구하는 절규로 마무리된다. 가볍게 읽기에는 재미있지만 이러한 서술에는 역효과가 있다. 바로 카타르시스다. 카타르시스의 역효과는 지나친 동일시에서 발생하는 피로감이며, '나는 저렇게 찌질하게 살지 않아서 다행이다'라는 안도감을 수반한다. 저자는 대중매체가 재현해내는 수많은 '개저씨'를 보며 남자들이 자중하고 반성하기보다 '저 정도는 아니니까 나는 괜찮은 사람이다'라는 반응만 보인다며 좌절감을 표한다. 얄궂은 일은《그 남자는 왜 이상해졌을까?》도 마찬가지 효과를 낳는다는 것이다.

한국에서 성차별와 여성혐오에 대한 관념적 비판은 선민의식으로 무장한 지식인의 계몽으로 귀결된다. 오찬호는 본인의 남성 죄책감male guilt을 독자들에게 전이하는 식으로 계몽을 시도한다. 그러나 남성 독자의 입장에서는 '이 정도면 괜찮은 사람'인 내게 죄책감을 주입하려는 데 거부감을 가지기 쉽다. 나아가 이 책을 읽은 것만으로 남들보다 낫다는 착각을 안길 공산이 크다. 무엇보다, 이 책의 계몽 대상인 대다수 한국 남자는 처음부터 이런 책을 집어 들지 않는다. 결국 그들의 인식을 바꿀 책임은 이 책을 읽은 여성 독자에게 전가된다.

　최태섭의《한국, 남자》(2018)도 비슷한 문제를 드러낸다. 최태섭은 최근 몇 년간 불거진 한국 남자들의 문제를 문화인류학적으로 추적한다. 적잖은 통찰이 담겨 있지만, 결론부의 몇 개 문장에서 이 책이 갖는 한계를 엿볼 수 있다. "대부분의 남성들은 페미니즘에 대한 명확한 이해가 없고, 메갈을 반-사회적 사상이라고 주장하는 것도 매우 자의적인 기준에 의한 것이다."[8] "2000년대 이후 한국의 남자들이 결론적으로 하고 싶은 말을 다시 한번 요약하면 '남자가 피해자다'라는 것이다. (…) 이 진술은 대부분의 사회 지표와 통계를 무시해야 가능한 것이다."[9] 요약하면 한국 남자들이 무식하고 페미니즘을 곡해하고 있기에 요즘과 같은 문제들이 불거졌다는 진단이다. 따라서 최태섭은 '남성 역차별론'을 반증하는 통계 자료를 잔뜩 제시하는 처방으로 책을 마무리한다.

　그런데 남성들이 팩트를 바로 알고 나면 과연 여성혐오를 멈출까? 더 많은 남성들이 페미니즘을 공부하는 걸로 문제가 해결될까? 많은 대학들이 페미니즘 관련 수업을 필수 교양과목으로 개설하고 있지만 대다수 남학생들은 귀를 닫거나 어떻게든 시비를 걸 태세다. 사실과 별개로, 페미니즘의 이해도와 무관하게 남성들은 여성혐오의 핑계를 만들어내는 것이다. 엄기호는 이렇게 풀이한다. "이들은 이유가 있어서 전쟁을 하는 것이 아니라 전쟁을 하기 때문에 존재하고 전쟁을 하는 이유를 만들어낸다."[10]

　살펴본 바와 같이 '20대 (남성) 현상'을 논하는 대개의 문헌은 혐오 문제가 심각해진 원인을 무지와 그에 따른 '유예된 각성'에서 찾는 데서 멈춘다. 각종 혐오가 "경제위기 시대의 곤궁을 소수자에 대한 공격을 통해 마술적으로 해소하고자 하는 정치적 무의식이 작동한 결과"[11]라거나, "노동자 남성은 지배 계급에게 저항하는 대신 여성에게 화풀이를 한다"[12]라는 주장이 그렇다. 그러나 '만만한 약자만 팬다' '살기 힘들어서 혐오한다'로 요약되는 이런 진부한 명제들로는 오늘날의 '20대 현상'을 온전히 설명하지 못한다.

2020년대
① 불공정의 시대

최종숙의 〈'20대 남성 현상' 다시 보기〉(2020)[13]라는 논문은 '20대 현상'이 단지 '20대 남성'에 국한하지 않는다는 점을 보여주는 연구다. 논문이 겨냥하는 것은 '20대 남성이 보수화됐다'와 '20대 남성의 젠더의식이 다른 세대에 비해 많이 떨어진다'는 명제다. 연구에 따르면 20대 남성의 보수주의가 두드러지는 부분은 북한에 대한 입장뿐이다. 그렇지만 북한을 적대까지는 아니더라도 적어도 경계해야 할 대상으로 본다고 응답한 비율은 남녀 각각 47.9%, 45.2%로 대동소이하다. 그 밖에 경제성장/분배 복지 항목에서 20대 남성의 응답 경향은 진보에 가까웠다.

'20대 남성의 젠더의식이 다른 세대보다 떨어진다'라는 명제 역시 입증되지 않는다. 짐작과 달리 논문이 집계한 20대 남성의 성평등의식은 앞 세대 모든 남성들보다 높았다. 그뿐만 아니라 남녀 각 세대별 집계에서 성평등의식 점수가 가장 높은 집단은 20대 여성, 그다음이 20대 남성인 것으로 나타났다. 눈에 띄는 점은 20대 남성이 (다른 세대 남성들과 비교해서도) 페미니즘에 높은 반감을 드러낸다는 것이다.

최종숙에 따르면, 오늘날 불거지는 20대 젠더갈등의 핵심은 페미니즘 그 자체라고 할 수 있다. 이런 맥락에서 20대 남성들에게 반-페미니즘은 성차별주의와 동의어가 아니다. 그들 입장에서 반-페미니즘은 성차별 구조를 없애기 위한 각종 정책·어젠다에 대한 반대와 구별된다. 요컨대 20대 남성들은 성차별주의자이거나, 성차별적 사회를 지향하기 때문에 페미니즘에 반대하는 것이 아니다. 페미니즘이 싫어서 그와 관련된 성평등 움직임에도 반발하는 것이다. 이들에겐 페미니즘이 성평등을 담보하지 않는다.

천관율·정한울의 《20대 남자》(2020) 역시 20대 남성 현상의 키워드는 '보수화'가 아님을 입증한다. 208개 문항의 대규모 여론조사를 내세운 이 연구는 또한 20대 남성들의 여성혐오가 윗세대보다 유별나다고 볼 근거가 빈약함을 보여준다. 천관율·정한울이 발견한 것은 20대 남성의 '억울함', 즉 자신들이 차별당하고 있다는 믿음이다. 이 믿음을 근거로 이른바 '남성 마이너리티 정체성'이 형성되었다는 게《20대 남자》의 결론이다. 20대 남성들이 스스로를 페미니즘을 비롯한 '정체성 정치'에 핍박받는 '남성 소수자'로 규정한다는 것이다.

정체성이 형성되고 그것이 안정적으로 결집·고정되기 위해서는 구심점이 필요하다. 천관율과 정한울은 그것이 자신들이 역차별당한다는 믿음과 그에 따른 불만이라고 분석했다. 이걸로는 부족하다. 불만은 추상적인 것이며, 역차별이라는 명제는 복잡한 서사를 요구한다. 그토록 많은 20대 남성이 야당에 몰표를 던지게 된 배경에는 더 강고한 구심점이 존재해야 한다.

그 구심점에 관해, 박원익·조윤호의《공정하지 않다》(2019)에서 힌트를 얻을 수 있다. 두 저자는 20대 내부의 차이보다 공통점에 주목하자고 제안한다. 그들에 따르면 젠더갈등은 표피다. 저자들은 20대 남성이 체감하는 억울함을 강조하며 페미니즘에 대한 그들의 반감을 설명한다. 현재의 20대는 제도적 영역에서나마 성차별이 사라지고, 성평등 가치가 공식화되며, 고정된 성역할이 해체되는 시기에 태어나고 성장했다. 한국은 여전히 OECD 회원국 중 성별 임금격차가 가장 큰 나라이지만, 세부적으로 들여다보면 40-50대의 성별 임금격차는 세계 1위인 반면, 20대의 그것은 선진국 평균보다 낮은 수

준인 것으로 나타났다.[14]

이런 까닭에 한국의 20대 남성들은 여성들이 박해와 차별과 억압을 받는다는 말에 선뜻 공감할 수 없다. 어머니 세대라면 모를까, 똑같은 출발선에서 경쟁을 시작한 또래 여자들이 차별받는다는 주장을 이해하기 어렵다. 남자라서 특권을 누린다는 말은 더더욱 납득할 수 없다. 그런데 기성세대와 엘리트는 청년 남성들에게 죄의식을 주입하며 양보를 강요한다. 성차별을 없앨 책무를 이들에게 돌린다. 동조하지 않으면 젠더의식 없는 여성혐오자라는 낙인이 찍힌다. 결국 한국의 20대 남성들은 억울함을 공유하며 역차별받고 있음을 신봉하게 된다. 이 책은 한국 남자들의 억울함을 이렇게 요약한다. "구조적 문제에 대한 책임을 개개인에게 묻는 것은 불공정하다."[15]

그런데 '공정하지 않다'는 것이야말로 박원익·조윤호가 강조하고자 하는 20대 남성과 여성의 공통점이다. 두 저자는 평창 동계올림픽 아이스하키 단일팀에 대한 청년층의 격렬한 반발을 예로 든다. 그것은 성별을 불문한 현상이었다. 이를 두고 정치권에서는 20대가 보수화되었다는 손쉬운 진단을 내렸다. 그러나 20대 남성이 젠더 감수성이 떨어지고 보수적이어서 페미니즘에 적대적인 게 아니듯, 청년 일반이 남북단일팀에 반대한 것도 이들이 우경화해서가 아니다. 이들의 공통된 주장은 '공정하지 않다'는 것이다.

이 밖에도 난민 문제, 각종 소수자 할당제에서 이들이 호소하는 피로감은 기성세대와 엘리트가 강요해온 일방적 양보를 거부하는 것과 다름없다. (빚진 게 없고, 따라서 책임감을 느낄 필요가 없는) 난민이나 북한 주민 등을 위한 양보 요구는 공정하지 않다는 것이다. 이들은 사회적 책임이 애당초 이런 세상을 만들어낸 기성세대와 엘리트 집단이 아닌 젊은 개개인들에게 돌아가는 게 불공정하다고 여긴다.

현재 20대 사이에서 가장 큰 문제로 부각된 젠더갈등도 마찬가지다. 청년 남성이 페미니즘에 느끼는 '불공정의 감각'이 원인이다. 20대 남녀의 투표 경향의 차이도 여기서 비롯한다고 볼 수 있다. 이는 젠더갈등의 심각성을 과소평가하는 게 아니다. 젠더갈등이 20대 현상의 전부라고 봐서는 안 된다는 말이다. 젠더갈등이라는 두꺼운 표피를 벗겨내면 20대 남성과 여성이 한목소리로 한국사회의 '공정하지 않음'을 성토하는 모습이 보인다. 요컨대 지금 한국의 20대가 한편으로는 야당에 몰표를 던지고, 또 한편으로는 제3정당에 지지를 보낸 것은 무엇보다 '공정하지 않음'에 대한 성토였다.

2020년대
② 논리 아닌 감각으로서의 공정

20대를 정치적으로 결집하는 공감대가 '공정하지 않다'라면, 이들이 바라는 공정이란 무엇일까? 수능이나 입사 성적순으로 전 국민을 줄 세우는 것이 공정일까? 그렇게 믿는 사람은 많지 않다. 단지 결과가 일목요연하며 따라서 시비를 걸기가 어렵다는 단 하나의 장점이 있을 따름이다. 20대들이 정시 비중 확대를 주장하는 이유는 이것 하나뿐이라고 해도 무방하다. 결국 20대가 바라는 공정은 합의되지 않았다. 이는 박원익·조윤호의 책 제목이 '공정이란 무엇인가'나 '공정해야 한다'가 아니라 '공정하지 않다'인 것과도 결부된다.

이와 관련해 1990년대생이며 20대 남성인 임명묵이 흥미로운 통찰을 제시한다. '90년대생의 탈-가치화'라는 명제다. 《K-를 생각한다》(2021)에서 임명묵은 "90년대생이라고 해서 딱히 더 이전 세대보다 공정에 민감한 것 같지는 않다"[16]라고 말한다. 그들 역시 이전 세대와 마찬가지로 자신에게 유리하다면 언제든 제도를 우회해서 이득을 취할 자세를 갖추고 있다는 것이다. 이렇게 보면 이들이 외치는 공정이란 자신에게 유리한 것, 불공정은 자신에게 불리한 것이라고 볼 수 있다. 즉 20대의 투표 경향이나 특정 정책과 어젠다, 메시지에 대한 반발은 그들이 지향하는 이념·가치에 따른 것이 아니다. 그저 자신들에게 불리할 수 있다는 위기감이 집단적 불만을 일으키는 것이다. 당연히 비일관적일 수밖에 없다. 이러한 경향은 새로운 것이 아니며, 그동안 '탈-이념'으로 포장되곤 했다.

임명묵은 더 나아가서 90년대생 사이에서 유행하는 키워드—욜로, 탕진, 한탕주의, 가상화폐 열풍, 비혼주의(혹은 가족을 꾸리는 일에 대한 단념) ─로부터 '탈-가치'를 건져올린다. 그는 과거에는 전쟁 중에도 결혼과 출산이 활발했다는 점을 들어 오늘날의 비혼과 저출산 풍조, 무엇이든 포기하고 단념하는 'n포' 경향은 단지 경제적 여유가 감소해서가 아니라고 본다. 또한 그는 90년대생들이 온라인 커뮤니티에서 표출하는 온갖 증오와 혐오에 대해서도 색다른 견해를 제시한다. 추구할 가치를 상실한 이들이 남은 에너지를 어디든 쏟아부음으로써 압박에서 벗어나려는 심리적 기제라는 것이다.

공정을 지선至善으로 삼는 것도 아닌데 90년대생들이 그토록 공정을 문제 삼는 까닭은 무엇일까? 임명묵은 90년대생들이 말하는 공정을 정서적인 것, 느낌의 문제로 바라보자고 제안한다. 그에 따르면 90년대생들이 말하는 공정이란 '공정하다는 감각'이다. 이 감각은 일종의 해열제다. 한국사회를 지배하는 불안감을 경감해주는 것이다. 공정하다는 감각은 국가 시스템에 대한 신뢰와 다르지 않다. 어제도 그러했고 내일도 그러할 것이라는 예측 가능성과 안정성에 대한 믿음이다. 이들이 생각하는 시스템은 시험을 잘 본 사람은 좋은 능력을 인정받고 합당한 보상이 보장되는 패턴을 말한다. 패턴이 견고하면 주관이 개입하거나 불확실성이 생기지 않는다.

그러나 앞서 말했듯이 현재는 노력하면 보상이 따라오고, 잘살수 있다는 신화가 깨진 상태다. 남은 것은 덜 노력한 이에 대한 응징이다. 점수가 낮은 사람에게, 능력이 검증되지 않은 사람에게 응분의 푸대접이 가해지는 것만큼은 확실해야 한다는 게 90년대생 사이의 암묵적 합의다. 이들이 보기에 고용에서의 각종 할당제, 비정규직 처우 개선과 정규직화는 주관적 개입으로 시스템을 교란하는 것이며, 합의와 신뢰를 깨트리는 행위다. 이렇게 보면 일련의 진보적·자유주의적 의제에 대한 90년대생의 신경질 가득한 반응이 약간이나마 이해된다. 임명묵의 '탈-가치화' 명제를 나름대로 종합해보면 이렇다. 90년대생들이 탈-가치화함으로써, 정작 90년대생들의 지향점에 대한 논의는 전혀 이뤄지지 않고 있다. 따라서 그들의 결집은 반反, 안티anti의 네트워크로만 이루어진다.

2020년대
③ 안티와 반-위선의 결집

마지막으로 살펴볼 것은 〈KBS 세대인식 집중조사〉(2021)다. 많은 사람에게 새삼 충격을 안긴 여론조사다. 대부분 짐작은 했지만 이 정도일 줄은 몰랐다는 반응이었다. 온라인 설문조사로 이뤄진 이 설문의 응답 대상은 만 20-34세 청년 남녀와 50-59세 중년 남녀 각 600명씩, 총 1200명이다.

몇 개만 살펴보자. 청년 남성 43.1%는 학력에 따른 임극 격차가 공정하다고 답했다. 청년 여성은 27.5%가 공정하다고 응답했는데, 이 역시 50대보다 10% 이상 높은 수치다. 명문대-비명문대 출신 임금격차에 대한 견해도 비슷하게 나타났다.

청년층에서 남녀의 견해가 뚜렷하게 갈리는 부분은 다음과 같다. 성별 임금격차가 공정하다고 보는 청년 남성은 52.7%에 달했다. 환경보다 개발이 중요하다는 의견을 가진 청년 남성은 43.8%로 다른 집단보다 크게 높은 것으로 나타났고, 북한을 적대세력으로 보는 의견 역시 청년 남성이 40.3%로 가장 높았다. 포괄적 차별금지법 입법 반대, 성평등 정책 강화에 대한 반대 의견도 청년 남성에서 압도적으로 높은 비율을 보였다.

그 밖에 '복지를 위해 큰 정부가 필요하다'는 문항을 계층의식별로 나누어볼 때, 스스로 상층부에 속한다고 생각하는 청년일수록 큰 정부가 불필요하다고 응답했다. 새삼 충격적이었던 결과는 '기회가 되면 내 것을 나눠 타인을 도울 것'에 대한 입장이다. 분석 결과 청년 남성은 자신이 상위계층이라고 생각할수록 남을 도울 의사가 바닥을 쳤다. 청년 여성, 중년 여성, 중년 남성이 모두 상위계층으로 갈수록 남을 도울 의사가 증가한 것과는 완벽히 상반되는 결과다.

〈KBS 세대인식 집중조사〉는 20대에 관해 충격적일 만큼 짐작한 그대로의 결과를 보여준다. 그 때문인지 조사와 분석의 신뢰성에

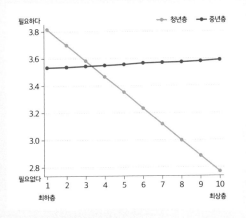

〈복지를 위한 큰 정부 필요성〉

필요하다
청년층 · 중년층

3.8
3.6
3.4
3.2
3.0
2.8
필요없다

1 2 3 4 5 6 7 8 9 10
최하층 최상층

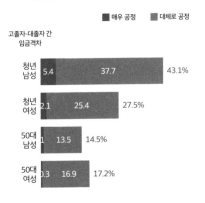

〈학력에 따른 임금격차의 정당성〉

■ 매우 공정 ■ 대체로 공정

고졸자·대졸자 간
임금격차

청년
남성   5.4   37.7   43.1%

청년
여성   2.1   25.4   27.5%

50대
남성   1   13.5   14.5%

50대
여성   0.3   16.9   17.2%

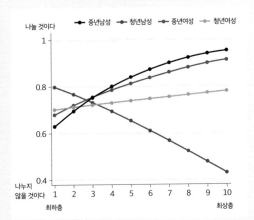

〈기회가 된다면 남을 도울 것〉

나눌 것이다
● 중년남성 ● 청년남성 ● 중년여성 ● 청년여성

1
0.8
0.6
0.4
나누지
않을 것이다

1 2 3 4 5 6 7 8 9 10
최하층 최상층

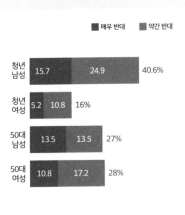

〈차별금지법에 대한 찬반〉

■ 매우 반대 ■ 약간 반대

청년
남성   15.7   24.9   40.6%

청년
여성   5.2   10.8   16%

50대
남성   13.5   13.5   27%

50대
여성   10.8   17.2   28%

KBS 조사에 따르면 20대는 정부의 개입(큰 정부)이나 학력에 따른 임금격차 문제에서는 다른 세대와 구별되는 '세대적 특성'을 드러낸다. 반면 성별 임금격차나 차별금지법 등 젠더 문제와 관련한 이슈에서는 세대와 무관하게 계층과 성별로 극명하게 분화하는 양상을 보인다.

관해 시비가 붙기도 했다. 나에게는 여론조사의 방법론에 대해 가타부타 시비를 가릴 전문성이 없다. 다만 조사 결과에 대해 나름대로 추론을 해볼 수는 있겠다. 〈KBS 세대인식 집중조사〉의 결과와 반응은 천관율·정한울의 그것과 크게 다르지 않다. 《20대 남자》에도 비슷한 시비가 붙은 바 있다. 무엇보다 200개가 넘는 설문 문항이 지나치게 많다는 점이 지적되었다. 장시간 설문에 응하다 보면 기계적으로 답변하기 마련이고, 어느 단계에 이르면 아예 '나의 성향이 이러할 것이다'라고 먼저 상정하고서 문항을 읽게 된다.

이러한 문제가 KBS 조사에 응한 청년 남성에게는 처음부터 발생했을 것이라 짐작된다. 이 조사는 4월 재·보궐 선거 이후 불과 한 달 만에 진행되었다. 언론은 매일같이 '이대남' 보도를 쏟아내고 있었고, 정치권·학계·논단은 '이대남 현상'의 성격과 전망을 두고 갑론을박이 치열했던 시기다. 이 흐름이 수년 전부터 이어진 '한남' 언표들과 공명하며 '이대남'의 견고한 전형이 만들어졌다. 때마침 조사에 응한 '이대남'들은 설문지를 받자마자 '이대남 프레임'을 만들어내려는 '불순한 의도'를 간파했을 것이다. 나는 이들이 '당신이 원하는 이대남을 보여주겠다'라는 생각으로 조사에 임했을 것이라 추정한다. 자연스럽게 진보적·자유주의적 의제, 정부·여당이 표방하는 정책 문항에는 죄다 강한 반대를 표한 것이다.

이는 물론 추정일 뿐이다. 그렇지만 설문조사 시기와 맞물린 특정 담론의 형성이 조사 결과에 적잖은 영향을 미칠 가능성은 항상 상기해야 한다. 그러니 조사 결과를 보고 '요즘 젊은이들이 어쩌다 저렇게 되었나?' 개탄하는 것은 부질없는 일이다. KBS 조사의 자체 평가에서도 언급되었듯 "다른 연령대와 달리, 청년들은 계층별 인식에 차이가 크다".[17]

중요하게 검토할 지점은 청년층은 상위 계층을 자임할수록 보수성이 뚜렷해진다는 사실이다. 덧붙여 스스로를 가장 낮은 계층으로 인식한 청년 남성에서 다른 집단들보다 '기회가 되면 내 것을 나눠 타인을 도울' 경향이 가장 높다는 결과도 주목할 만하다. 이는 그들이 특별히 '착해서' 그렇다기보다 서로 도울수록 유리하다는 판단을 내린 것으로 볼 수 있다.

상위 계층일수록 내 것을 나눠 타인을 돕는 행위, 혹은 그러한 의향을 밝히는 것을 위선으로 간주한다. 그들의 생각에, 어려운 처지의 사람들은 노력을 덜한 사람들이다. 그에 합당한 응징을 받는 것이며, 이에 온정적으로 개입하는 것은 시스템의 교란이자 위선이다. 조사에 응한 청년 남성들은 일말의 공동체적 가치도 부정한다는 눈총을 받을지언정 위선에만큼은 명확하게 거부 표시를 한 것이다. '안티의 네트워크'로 결집한 청년 남성 집단이 반-위선의 네트워크도 견고하게 형성하고 있음을 확인할 수 있다.

" 6000만 명의 사람들(트럼프 지지자)**을 인종차별주의자, 백인 민족주의 반역자, 나치당원이라고 희화화하는 것이 과연 타당한 일이었을까?**

맷 타이비,
《우리는 증오를 팝니다》,
2021.

"

청년들의 결집은 반反, 안티anti의 네트워크로 이루어진다. 반-페미니즘, 반-난민, 반-이주민, 반-불공정, 반-위선, 반-정부, 반-여당, 반-n86, 반-기득권, 반-기성세대 등 다양한 '안티의 네트워크'는 서로 반목하기도 협력하기도 한다. 이런 결집과 협력, 반목을 모두 추동하는 것은 혐오의 에너지다. 많은 이들이 현 상황을 '혐오의 시대'라고 진단하거니와 이 혐오라는 것이 무엇인지 간략하나마 살펴보는 작업이 필요하겠다.

경멸과 혐오

혐오를 정동情動, affect이라고 보는 사람도 많지만 사회 현상을 말할 때 정동은 썩 적합한 개념이 아니라고 생각한다. 정동은 외부 자극에 대한 신체의 즉각적 반응과 변화를 가리키며, 감정 이전의 층위에 있다. 따라서 정동 개념으로 사회·정치 이론을 개진하는 시도는 한계가 있으며, 공허하고 비과학적 이야기로 흐를 위험이 크다. 그렇다면 혐오를 정동이 아니라 감정이나 정서로 보면 문제가 없을까?

모든 감정은 몸에서 출발한다. 인간은 성장 과정에서 몸의 안과 밖을 구분함으로써 자기인 것과 자기가 아닌 것의 구분이 가능해진다. 그리고 자신의 몸에 이로운 것과 해로운 것, 스피노자 철학에 빗대어 말하면 코나투스conatus(자기보존 능력, 자기 존재를 유지하려는 신체 역량의 지표)의 증감 여부에 따라 피아를 식별한다. 이른바 '1종 인식'이 이때 발생한다. 거칠게 도식화하면 정동을 1종 인식의 하나로 볼 수 있다. 내장의 움직임, 심장박동, 혈액순환, 물질대사 등의 내부 감각도 이에 해당한다.

'2종 인식'은 1종 인식이 바깥으로 향할 때, 즉 지향성을 띨 때 발생한다. 감각이 바깥을 향한 것이 감정이다. 따라서 감정은 언제나 무언가에 대한 감정이다. 혐오를 정동으로 보기 곤란한 또 다른 이유다. 모든 혐오에는 대상이 있기 때문이다. 코나투스의 증감이 감정으로 나타난 것이 기쁨과 슬픔(과학적으로 말하자면 쾌감과 불쾌감)으로, 이 둘은 삶의 토대를 구성하는 원형적 감정이다. 원형적 감정은 혼자 있을 때, 두 개인이 상호작용할 때, 집단으로 상호작용할 때 등 사회화

층위에 따라서 사랑과 증오, 희망과 공포, 명예와 치욕, 만족과 후회 등으로 전화된다.[1]

스피노자는 《에티카》(1677)에서 사랑과 증오, 희망과 공포 등 정서의 기원과 본성을 정리했다. 그중 혐오와 가장 가까운 것으로 경멸을 들 수 있다. 그에 따르면 경멸은 "인간이 다른 사물에 관하여 정당한 것 이하로 느끼는 데서 생기는 기쁨"[2]이다. 경멸이 기쁨이라니, 무슨 말일까? 짐작건대 누군가를 폄훼하는 만큼 내가 그보다는 나은 사람이 된 듯한 기분이 들면서 만족감을 얻는다는 뜻이겠다.

경멸의 정의를 반대로 바꿔보자. '인간이 자신을 정당한 것 이하로 느끼는 데서 생기는 슬픔'이라고 할 때, 떠오르는 정서는 우울이다. 스피노자는 우울을 '정신과 신체에 동시에 관계되는 슬픔의 정서'로 정의했다. 코나투스의 감소는 슬픔을 유발한다. 감소세가 지속되면 자신을 정당한 것 이하로 느끼면서 우울감이 생성된다. 그렇다면 경멸은 엄습하는 우울감에 저항하는 방어기제라고 할 수 있을 것이다.

혐오는 조금 더 복잡한 메커니즘이다. 단순히 몸에 해로운 것을 보고 느끼는 역겨움과는 다르다. 역겨움은 디스거스트disgust다. 우리가 문제삼는 혐오는 미소지니misogyny, 헤이트hate, 각종 포비아phobia를 망라한다. 이것들은 단순한 감정, 정서라기에는 훨씬 더 능동적이고 적극적이다. 혐오는 경멸의 감정이 보다 폭력적으로 실천·

발현된 것이라고 봐야 한다. 더 정확히 말하면 혐오는 만성적 불안과 우울을 추론하는 과정에서 그 원인을 특정의 의인화된 집단에서 찾는 스토리텔링의 산물이다.

분노,
학습되는 감정

분노, 공포, 역겨움, 놀라움, 슬픔, 행복은 인간이 생물학적으로 타고난 여섯 가지 기본 감정으로 여겨져 왔다. 하지만 감정은 뇌나 신경계 어딘가에 잠들어 있다가 특정 상황에 발동하는 것이 아니다. 표정이나 심장박동, 근육운동 등 신체 변화로부터 감정을 역추적할 수 있다는 믿음 역시 깨졌다.

앞서 가추법이 인간의 뇌가 작동하는 기본 논리임을 설명했다. 인간은 각자 성장하면서 형성한 내부 모델을 통해 지각하는 것들을 예측하고 시뮬레이션한다. 예측에 오류가 있으면 바로잡고 내부 모델 역시 수정에 들어간다. 카니자의 삼각형에서 확인했듯 뇌는 능동적으로 빈칸을 채우는 식으로 우리가 보는 상像을 구성해낸다. 없는걸 만들어서 본다는 점에서 착시이자 망상이다.

우리의 시각 경험의 원천인 빛은 가시광선에 한정된다. 가시광선은 전자기파의 극히 일부로, 10조분의 1보다 작다. 인간은 가시광선 바깥의 전자기파는 감지할 수 없다. "우리의 생물학이 부과한 한계 때문에 우리는 실재의 좁은 구역만 보며 산다."[3] 우리는 모두 우리가 지각하는 좁은 세계를 객관적 세계로 여긴다. 객관적으로 이것은 망상이다. 그러나 사회적으로 합의된 망상이다.

빛의 스펙트럼은 경계선이 없는 연속적 흐름이다. 우리가 '빨주노초파남보'를 구분하는 것은 색깔의 개념이 내부 모델에 장착되어 있기 때문이다. 뇌는 이 개념을 이용해 특정 파장들을 묶어서 같은 색으로 범주화한다. 그 결과 우리는 일곱 빛깔의 색상을 구분해 인식하게 된다. 시각 외에도 우리가 듣는 소리, 맡는 냄새, 느끼는 감촉은 모두 경계가 모호하고 연속적인 감각 신호가 뇌에 도달한 것이다. 뇌는 이것들로부터 규칙성과 개연성을 찾아내서 물체, 다른 사람, 음악, 사건, 음식 등으로 범주화하고 경험하도록 한다. 개념이 내부 모델에 장착되지 않으면, 즉 경험맹 상태에서는 끊임없이 변화하는 잡음의 흐름이 있을 뿐이다.

인간의 뇌는 생후 1년 안에 내부 모델에 개념 체계를 발달시킨다. 신생아는 자신에게 쏟아지는 감각 신호 가운데 어떤 것이 동시에 혹은 묶여서 일어나고, 어떤 것은 각자 일어나는지 구별하며 통계화한다. 언어 학습이 이런 식으로 이루어진다. 보호자가 내는 소리 흐름을 따라가며 음소와 음절, 단어 사이의 경계를 추론한다. 어느 음절들이 더 자주 짝을 이루고, 그래서 하나의 단어일 가능성이 높은지를 익힌다. 이것을 통계적 학습이라고 한다.

감정도 언어와 비슷하고 색깔과 비슷하다. 예컨대 분노라는 개념이 없으면 내가 느끼는 감정이 분노인지 알지 못한다. 분노는 뇌나 신경계에 입력된 채로 타고나는 것이 아니다. 분노하는 사람의 표정을 상상해보자. 미간이 찌푸려지고 눈빛은 이글거리며 입은 치아를 드러낸 채 꽉 물고 있다. 그런데 정작 실생활에서는 이렇게 분노한 표정을 마주치는 일이 흔하지 않다. 전형적으로 '분노한 표정'은 영화나 만화에서나 마주치는 장면이다. 또한 우리는 이런 표정 하나만으로 분노의 여부를 가리지 않는다. 분노라고 일컬을 만한 신체적 표현은 다양하다. 찡그린 미간, 질끈 감은 눈, 꽉 다문 입, 부들부들 떠는 몸, 소리 지르기, 아예 침묵하기, 손발을 크게 휘두르기 등 이러한 신체적 표현들은 시각적 유사성이 없거나 심지어 모순되기도 한다. 고함을 지르는 것과 무겁게 침묵하는 행위를 분노라는 하나의 감정 범주에 묶으려면 통계적 학습 외에 무언가가 더 필요하다. 바로 단어다.

아기가 울거나, 먹던 음식을 뱉거나, 그릇을 엎는 등의 행동과 그에 수반되는 표정 변화, 신체 변화, 내부 감각의 변화는 제각각일 뿐만 아니라 서로 아예 무관할 수도 있다. 그저 우연히 동시에 발생할 뿐이다. 하지만 아기들은 그러한 행동을 취할 때마다 '화났어?' '아가야, 화내지 마'라는 식의 소리 반응을 접하게 된다. 아기는 이런 소리를 처음에는 낯설게 받아들이지만, 이것이 반복되며 "다양한 신체 패턴과 맥락을 '화-난'이라는 소리와 결부시키는 법을 통계적으로 학습"[4]한다.

이를 통해 아기의 뇌는 상이하고 무관한 사건들을 함께 묶는 기준에 시각적 유사성 말고도 정신적 유사성이 있음을 깨닫는다. 정신적 유사성이란, 의지나 욕망을 방해하는 장애물에 답답함을 느낄 때 동반되는 다양한 반응과 행위가 모두 상황을 타개하려는 공통의 목표로 묶일 수 있음을 뜻한다. 아기는 이렇게 분노의 개념을 구축한다. 성장하면서는 타인의 움직임과 목소리에 대해서도 내부 모델에 따라 의미를 부여하고 예측한다. 나아가 분노에 대한 지각을 구성하고 수정하기를 거듭한다. 특정 행동을 하는 사람을 보며 '저 사람 화났어'라고 했을 때 '그렇지 않다'라는 대답이 돌아오면 갖고 있던 기존의 분노 개념을 수정하는 식이다.

혐오의 내부 모델

우리가 감정이라고 부르는 것들은 뇌의 해석이자 추론 결과다. 실체를 확인할 수 있는 감정 상태는 쾌감과 불쾌감밖에 없다. 이는 코나투스의 증감에 대한 반응이다. 그 밖에 슬픔, 불안, 분노, 행복 등의 감정은 개념 학습으로 구축한 내부 모델에 입각해 자신이 처한 상황과 내외부적 변화를 추론한 결과다. 이를테면 특정 상황에서 뱃속이 꾸르륵거리는 신체 변화가 일어날 때, 우리는 그 변화를 직접 느끼는 게 아니라 뇌가 맥락에 맞춰 추론한 걸 느끼는 것이다. 눈앞에 먹음직스러운 음식이 있을 때면 뇌는 그것을 배고픔으로 추론한다. 눈앞에 있는 것이 토사물이면 역겨움을 느끼게 한다. 중요한 면접을 앞둔 상황이면 뇌는 그것을 긴장감으로 추론한다.

코나투스가 계속해서 감소하는 상태를, 뇌는 으레 우울감이라고 추론한다(질병으로서 우울증을 말하는 게 아니다). 불안감은 자신을 기분 나쁘게 만드는(코나투스를 감소시키는) 존재가 명확하지 않은 채로 그 상태가 지속될 때 생성된다. 이런 우울과 불안에 대한 신체적 반응이 경멸이다. 자신보다 형편이 나쁜 사람을 깎아내리면서 위안하는 것이다. 보다 적극적으로 발현된 경멸은 깎아내릴 대상을 만들어내기도 한다. 또는 나의 코나투스를 감소시키는 외부 존재를 자의적으로 점찍기도 한다. 이것이 바로 혐오다. 다시 말하지만 혐오는 우울과 불안의 원인을 의인화된 특정 집단에서 찾는 스토리텔링의 산물이다.

복잡한 문제를 손쉽게 누군가의 탓으로 돌리는 것은 자연스러운 일이다. 그런데 (방어기제로써의) 경멸은 대개 사회적 약자·소수자를 겨냥한다. 문제를 의인화하는 대상 역시 마찬가지다. 그편이 훨씬 쉽기 때문이다. 이러한 스토리텔링이 내부 모델에 견고히 자리 잡으면 문제가 심각해진다. 그 뒤부터는 깨지기 힘든 고정관념과 편견이 타인을 대하는 판단 근거가 된다.

혐오는 조현병 등의 정신질환과 유사한 구조를 띤다. 상당수 정신질환은 감정과 마찬가지로 생물학적 근원을 찾기 힘들다. 그 또한 추론과 결부된 것이기 때문이다. 내부 모델에 따른 (하향식) 예측, 외부 감각정보의 (상향식) 입력 사이에 문제가 생긴 것이 정신질환이다. 환각이나 망상이 그 대표적 증상이다. 지각 활동은 감각정보를 가추법적으로 추론하여 어떤 상을 구성해내고, 새로운 감각정보를 통해 그 상을 수정·업데이트하는 과정의 끝없는 반복이다. 환각은 이 정정 시스템의 오류로 내부 모델이 폭주하는 상태라고 할 수 있다.

정신질환이 없는 사람이라도 내부 모델이 폭주하는 경우가 있다. 바로 꿈꿀 때다. 렘수면에 들어간 일반인의 뇌를 관찰하면 조현병 환자의 뇌 상태와 유사하다고 한다. 꿈속에서 펼쳐지는 온갖 비논리적이고 말도 안 되는 일을, 우리는 딱히 이상하게 받아들이지 않는다. 뇌는 항상 깨어 있다. 외부로부터의 감각 입력이 최소화되는 수면 상태에서도 뇌는 절전 상태로나마 작동한다. 상향식 감각 입력이 차단된 상태에서 내부 모델의 하향식 이미지 생성은 활발히 이루어지는 것이다. 이렇듯 정정 시스템이 작동하지 않기 때문에 우리는 꿈속 상황을 이상하게 받아들이지 않는다.

　미국 앨커트래즈 교도소의 특수한 독방은 꿈 바깥에서 이런 오류를 경험하게 만드는 곳이다. 한 평도 안 되는, 빛과 소리가 완벽하게 차단된 이 독방에서 수감자는 감각 입력이 최소화된 채로 머물러야 한다. 며칠만 지나면 수감자의 머릿속에는 생생한 그림이 그려지게 된다. 이는 수감자의 상상이 아니다. 외부 감각정보가 차단되어 추론의 정정이 이루어지지 못하는 동안 내부 모델이 제멋대로 만들어낸 상을 보는 것이다.

　혐오의 견고한 내부 모델을 구축한 사람은 편견을 반증하는 새로운 지각정보가 입력되어도 좀처럼 오류를 수정하지 않는다. 중국인을 혐오하는 사람이 아주 근사한 중국인을 만났을 때, 생각을 고쳐먹는 경우는 거의 없다. '중국인답지 않다'며 칭찬(?)할 뿐이다. 반례를 한 트럭으로 접해도 예외적 경우로 치부하지, 편견을 반성하는 이는 드물다. 감각정보가 차단된 것과 진배없는, 말 그대로 눈과 귀를 닫은 사람이다. 이렇듯 내부 모델의 추론과 외부 감각정보의 조율이 완벽히 실패하는 사람은 영원히 꿈에서 깨지 못하는 사람 혹은 정신질환자와 다르지 않다.

　혐오하는 사람들에게 제대로 된 정보를 알려주고, 다양성 교육을 진행하는 데서 효과를 기대하기 힘든 이유가 여기에 있다. 여성혐오에 빠진 사람에게 그 불합리함을 증명하는 온갖 데이터는 부질없는 처방이다. 난민이나 이주민을 혐오하는 사람에게, 그들이 주장하는 범죄 통계가 거짓이라고 설득하는 일도 마찬가지다. 그들은 어떻게든 혐오할 이유를 다시 찾고 만들게 되어 있다. 교육의 가치와 효용을 부정하는 게 아니다. 훈계와 계몽만으로는 분명한 한계가 있다는 것이다. 다시 말하지만 혐오는 일종의 방어기제다. 신경증 환자에게 곧이곧대로 '당신의 행동은 그릇된 방어기제에 불과하다. 현실을 직시하고 언행을 고쳐야 한다'고 이야기해주는 것만으로 증세가 나아지리라 기대할 수는 없다는 말이다.

혐오와
포퓰리즘의 연결고리

그렇다면 혐오 문제를 어떻게 다룰 것인가? 사회구조적으로 먹고살기 힘들어서 벌어진 현상이니 경제 문제만 해결되면 혐오가 사라질까? 혐오는 방어기제이지만 구조적 문제의 원인을 의인화하는 것은 물질적 토대와 무관한 일이다. 어느 집단을 경멸이나 혐오의 타깃으로 삼을지는, 자신을 불안하게 만드는 미지의 존재를 어디서 찾느냐하는 것은 상부구조에서 결정된다. 즉 이 문제는 문화정치의 영역이며, 여기서 정치와 언론과 인터넷이 등장한다. 이런 상황에서 언론이

제 기능을 못하고 제도권 정치에 대한 불신이 심각할 때, 그 공백을 차지하려 나서는 이들이 바로 프로보커터provocateur다.

정리하면 이렇다. 혐오는 정동이 아니고 감정도 아니다. 자신에게 해롭다고 인식되는 외부 조건에 대한 반응으로 나타나는 신체적 변화를, 인간의 뇌는 슬픔의 감정으로 해석한다. 슬픔은 장기적으로 우울을 부르고, 슬픔에 대한 불분명한 진단은 막연한 미래와 결부되어 불안을 낳는다. 만성적 우울과 불안의 대응이자 방어기제로, 간편하지만 올바르지는 않은 경멸이 있다. 경멸은 타인을 정당하지 않게 폄훼함으로써 스스로를 평가절상하는 것이다. 더 적극적인 경멸은 폄훼할 대상을 어떻게든 찾아내고 만들어낸다. 나아가 경멸 대상이 사회적으로 성공하거나 혜택받게 될수록 더 신경질적으로 반응한다.

또 하나의 대응은 우울과 불안의 원천(이라고 점찍은 대상)을 찾아내거나 만들어내는 것이다. 그 대상 혹은 장애물이 절멸하면 자신이 겪는 모든 문제가 해소되리라는 희망을 품는다. 자신이 강한 분노를 표하면, 어릴 적에 그랬듯 보호자나 후견인이 나서서 그 장애물을 치워주리라 기대한다. 요컨대 적극적 경멸을 포함하여 만성 우울과 불안의 그릇된 방어기제, 이것이 바로 혐오다.

혐오의 골조는 '우리'와 '그들'의 분리다. 나보다 못한 존재를 만들어 밀어내고, 내가 겪는 문제를 탓할 존재를 찾거나 만들어내는 것

혐오는 늘 정치와 함께한다. 특히 포퓰리스트는 언제고 혐오할 집단을 찾아내 '그들'로 만들고, 이를 통해 '우리'를 결집한다. ©The Guardian

은 '우리'로부터 '그들'을 축출하는 행위다. '그들'을 발라낸 뒤 남은 '우리'는 끈끈한 유대로 뭉친다. '공공의 적'에 함께 맞서야 하기 때문이다.

하지만 이런 유대는 오래가지 못한다. '그들'로 밀어내는 대상은 상황과 맥락에 따라 수시로 바뀐다. 이주민, 하층민, 난민, 여성, 노인, 어린이, 장애인, 비정규직, 타인종… 그 누구든 '그들'이 될 수 있다. 이에 따라 과거에 '그들'로 밀려났던 이들이 다시 '우리'로 편입되고, 한때 '우리'로 묶였던 이들이 영문도 모른 채 '그들'로 배제된다.

'우리'와 '그들'은 고정되지 않고 일시적 응고와 용해를 반복할 뿐이다. 정파와 이념, 인터넷과 미디어, 교육과 종교 따위가 여기에 영향을 미친다. '우리/그들'의 응고-용해 또는 응집-분산은 정치가 존재하는 한 끊임없이 반복되어 왔고 앞으로도 그러할 것이다.

이제 우리는 혐오를 완전히 다른 관점에서 봐야 한다. 오늘날이 '혐오의 시대'라는 규정은 반만 옳다. 혐오는 언제 어디에나 존재했기 때문이다. 혐오의 시대는 늘 현재형이다. 정도의 차이, 누구를 타깃으로 하느냐, 피아의 응집과 분산이 얼마나 빠르게 반복되느냐가 다를 뿐이다.

혐오와 정치는 항상 함께한다. 달리 말해 혐오는 시급한 해결과제가 아니다. 그 대신 고민해야 할 것은 어떤 성격의 '우리'를 구축하느냐다. 그러기 위해 '우리'와 '그들'의 응고-용해에 영향을 미치는 것들에 어떻게 개입하느냐다. 이를 헤게모니적 실천이라 부르기로 한다. 다음 장에서 다루겠지만, 나는 이 문제를 바라보는 렌즈로 포퓰리즘을 제안한다. 혐오의 뼈대인 '우리'와 '그들'의 구분이야말로 포퓰리즘의 본질이며, 포퓰리스트의 최대 전략이자 레토릭이기 때문이다.

" 포퓰리즘이 공동체적
공간 안에서 급진적인
대안을 상정하는
데 있고, 주어진
사회의 미래가 걸린
분기점에서의 선택을
상정하는 데 있다면,
포퓰리즘은 정치의
동의어가 아닌가?
'그렇다'고 대답할
수밖에 없다.

에르네스토 라클라우,
⟨Populism: What's in the name?⟩,
2005.

"

혐오의 구조, 즉 '그들'과 '우리'의 분리는 사회가 경제적으로 불안정할수록 그 응집-반목이 강해진다. 집단적 우울과 불안은 불황과 단단하게 얽혀 있기 때문이다. 제도권 정치가 장기 불황을 타개하려는 의지와 역량을 갖추지 못할 때, 혹은 그렇게 간주될 때, 고통받는 민중은 그들의 불만과 요구를 관철할 경로를 몰라 헤매게 된다. 이렇듯 자신이 도달하고자 하는 바가 무언가에 방해받으면 슬픔의 감정을 갖게 되고, 이 상태가 지속되면 우울과 불안이 생성된다. 유년기의 경험은 이런 상황에서 분노를 표하면 (기존의 익숙한 인물이 아닌) 새로운 권위자가 나타나 문제를 해결해주리라는 막연한 기대를 품게 만든다. 나아가 '우리보다 못한 존재'를 구석으로 밀어내는 혐오로 표현하고 실천하기도 한다.

그런데 키워드가 혐오에 머무른다면 그 이후의 실천적 논의가 굉장히 까다롭게 된다. 이 경우 결론은 대부분 '경제 불황을 타개해야 한다' '혐오의 방향을 위로 돌려야 한다' '계급의식을 회복해야 한다'는 식의 고담준론에 머무른다. 앞서 밝혔듯 혐오를 어떻게 해결할 것인가라는 질문은 무의미하다. 필요한 것은 정치적 논의이지만, 그에 앞서 포퓰리즘이란 렌즈에 관해 이야기하려고 한다. 현시대의 진단명으로 '혐오의 시대'만큼 널리 쓰이는 것이 '포퓰리즘의 시대'다. 혐오와 포퓰리즘의 구조는 유사하다. 포퓰리즘에 대한 사고는 오늘날의 여러 가지 혐오 현상, 특히 '20대 현상' 문제에서 지리멸렬하지 않고 풍성한 후속 논의로 이어지는 시각을 얻게 해줄 것이다.

어디에나 있지만
어떤 것도 아닌

오늘날 포퓰리즘은 중학생도 언급할 정도로 널리 쓰이는 말이다. 물론 그 의미까지 제대로 이해하고 사용하는 사람은 많지 않다. 포퓰리즘의 용례는 재정 형편을 고려하지 않은 선심성 공약·정책에 붙는 딱지에서부터 극우 세력이 표출하는 과격한 메시지와 어젠다를 가리키는 데까지 널따랗게 퍼져 있다. 일관성 없고 심지어 모순되기까지 한 포퓰리즘 용례에서 주목할 대목은 대부분 특정 세력을 비난하는 수사로 쓰인다는 점이다. 즉 한국에서 포퓰리즘은 대체로 부정적인 의미로 통용된다.

용례의 혼란은 학계에서조차 그 정의를 합의하지 못한 데서 비롯되었다. 포퓰리즘·포퓰리스트 하면 떠오르는 이미지는 이렇다. 일단 과격하다. 포퓰리스트가 표방하는 정책과 어젠다는 상식을 넘어서는 경우가 많다. 태도에서도, 배울만큼 배운 정치인에게서 기대하기 힘든 어휘나 어투를 구사한다. 점잔 빼는 기성 엘리트 정치인과 토론이라도 붙을 때면 무례하고 천박해 보이기까지 한다. 또한 대체로 늘 화가 나 있다. 이렇게 겉으로 드러나는 몇 가지 스타일에 주목해 포퓰리즘을 정의하려는 견해도 있다. 섣부른 인식이다. 포퓰리즘이 득세하는 이유를 대중이 그들 대신 분개해주는 사람에 열광하는 행위에 불과한 것으로 축소하기 때문이다.

사회에 팽배한 절망과 분노, 르상티망ressentiment(원한)으로 포퓰리즘을 설명하려는 시도도 있어왔다. 정치철학자 얀 베르너 뮐러 Jan-Werner Müller는 이러한 논의가 부정확하다고 지적한다. 앞서 말했듯 포퓰리즘 지지의 동기를 감정적이고 수동적인 것으로 축소할 위험이 있기 때문이다. 뮐러의 비판처럼 이러한 축소는 "대중은 '너무 감정적'이라서 책임감 있게 투표할 수 없다는 이유로 선거권 확대를 주저했던 19세기 선배들의 배타적인 태도를 이제 와서 답습"[1]하는 것과 다르지 않다. 이것은 '20대 현상'을 혐오라는 용어로 설명하는 시도를 경계해야 하는 또 다른 이유가 된다.

포퓰리즘은 어떤 사상 체계나 이데올로기가 아니며, 정치운동이나 정치체제가 아니다. "보통 이들을 포괄하지만, 동시에 이들을 단순히 합쳐놓은 것도 아니다."[2] 정치학자 폴 태가트Paul Taggart는 포퓰리즘의 근본적 특징으로 유동성을 꼽는다. 실체라고 부를 내용이 결여되어 있기에 자유주의, 보수주의, 사회주의 등에 붙어서 등장하는 경우가 대부분이다.

포퓰리즘은 인민을 가리키는 라틴어 populus에 접미사 –ism(사상·이론·주의)을 결합한 말이다. 일반적으로 인민주의, 대중주의, 민중주의 등으로 번역된다. 풀이하면 인민을 중심으로, 인민을 위하고 인민에게 소구하는 사상·체제·어젠다·메시지를 망라하는 어떤 것이라고 할 수 있다. 포퓰리즘의 정의가 쉽사리 합의점에 닿지 못하는 이유가 바로 이것이다. 인민과 정치를 다루는 모든 논의에 포퓰리즘이 붙을 수 있기 때문이다. 이렇게 본다면 플라톤 이래 사상가들의 저작은 죄다 포퓰리즘과 무관하지 않다는 논리도 성립한다.[3] 현대 민주주의 체제의 모든 정치인과 정당 또한 대중에게 지지를 호소한다. 그럼에도 불구하고 오늘날 모든 정치인과 정당을 포퓰리스트나 포퓰리즘 정당이라고 부르지는 않는다.

엘리트 vs. 인민주권

어찌 됐건 포퓰리즘이 '인민에 대한 호소, 혹은 인민주권 회복'을 골자로 한다는 것에는 학계 합의가 닿았다. 여기서 중요하게 다뤄지는 문제가 인민이 대체 어떤 사람들이냐는 것이다. 인민people은 국민nation과 다르다. 국민은 국가 구성원을 말한다. 같은 국적을 가지면 모두 같은 국민이다. 인민은 국가를 구성하는 자연인이다. 과거 왕정과 귀족정에 맞선 공화주의자들은 왕족·귀족에 대립하는 국가의 주인으로 인민을 내세웠다. 인민은 곧 피지배자 일반을 가리키는 말이 되었고, 시민혁명 후에는 국가 구성의 주체로 자리 잡았다. 포퓰리즘은 이것을 재해석한다. 포퓰리스트가 보기에 지배층은 여전히 따로 있고 인민은 피지배자다. 지배층은 바로 소수 엘리트 계층이다. 그 바깥의 보통 사람들이 인민이다.

이로부터 대중에 영합하는 선심성 공약과 정책에 포퓰리즘 딱지를 붙이는 이유를 짐작할 수 있다. 그러나 유권자의 지지를 먹고사는 현대 정당정치에서 대중에 영합하지 않는 공약과 정책은 존재할 수 없다. 따라서 여기에 포퓰리즘 운운하는 것은 하나마나한 소리다.

그런 한편 '인민의 요구'를 명분으로 관료나 전문가 집단이 제시하는 현실적 제약과 한계를 무시하고 밀어붙이는 경우가 있다. 관료·전문가들의 우려와 반대는 '인민의 요구를 억압하는 엘리트의 농간'이라며 비난하고 그 현실적 어려움의 책임을 엘리트 계층에게 되묻는다. 이를 포퓰리즘으로 규정하는 것은 합리적이다. 사회가 보통 사람, 즉 순수한 인민 대 타락하고 부패한 엘리트 집단으로 양분되어 있다는 포퓰리즘적 인식이 명확히 드러나기 때문이다.

전문가의 진단이 항상 옳다는 법은 없다. 기실 우리가 맞닥뜨리는 온갖 사회문제들은 내로라하는 전문가와 석학들이 머리를 맞대고 고민하며 펼친 정책들의 산물이다. 특히 코로나19처럼 전례를 찾기 힘든 전 지구적 위기 상황에서 이들의 문제해결 역량은 의심될 수밖에 없다. 따라서 사실상 모든 결정권을 독점했던 소수 엘리트의 발목잡기를 제압하고, 다수 인민의 요구를 결정의 근거로 치환하는 논리는 '인민주권 회복' 차원에서 나쁘지 않을 수도 있다. 정해진 매뉴얼에 따르는 대응이 한계를 드러내고, 완전히 새로운 질문을 던져야 하는 상황에서는 그것이 유일한 길일지도 모른다.

민주주의와 포퓰리즘

하지만 포퓰리즘을 인민주권 회복의 측면에서만 봐서는 안 된다. 정치학자 서병훈은 "포퓰리즘이 문제가 되는 것은 겉치레와는 달리 그것이 민주주의에 대한 근본적 위협이 되기 때문이다"라고 주장한다.

얀 베르너 뮐러도 이를 누차 강조한다. 그에 따르면 포퓰리즘은 '인민에 대한 호소'에 '도덕성에 대한 호소'를 추가한다. 뮐러는 "포퓰리스트는 순수하고 결백하고 근면한 인민을 (자기이익 추구 외에는) 노동하지 않는 부패한 엘리트에 대조시키며, 극우 포퓰리즘의 경우는 (노동하지 않고 남의 노동한 대가에 기생충처럼 붙어 살아가는) 사회 최저 계급과도 대립각을 세운다"[4]라고 지적한다.

요약하자면 포퓰리스트는 단 하나의 가치를 정해두고 그에 걸맞지 않은 이는 인민이 아닌 존재로 밀어낸다. 인민이 아닌 존재는 부패한 엘리트 집단일 수도, 하층민일 수도, 이주민일 수도 있다. 단 하나의 공동선이 존재하고 그걸 표방하는 자신들만이 인민의 유일한 대표라고 주장하는 포퓰리스트들은 자연히 다른 세력을 악마화한다. 자신의 당내에서조차 이견을 허용하지 않는다.

특히 요즘처럼 차별방지법과 소수자 할당제 등 자유주의적 방침이 역차별이라고 느끼는 사람이 늘어날수록 포퓰리스트의 입지는 커진다. 극우 포퓰리즘 세계관에서, 이들 사회적 소수자는 '남의 노동한 대가에 기생충처럼 붙어 살아가는' 자들과 다름없는 비-인민으로 간주되고, 심지어 그들을 위한 정책을 펼치는 부패한 엘리트 집단과도 한 무리로 묶인다. 엘리트, 관료주의, 제도권을 직접 호명하고 비판하지 않아도, 단지 소수자 집단을 거칠게 비난하는 것만으로도 인민주권의 투사로 떠오를 우려가 적지 않다. 이쯤 되면 포퓰리즘은 단순한 혐오 정치와 구분되지 않는다.

포퓰리스트에겐 사회문제의 원인을 의인화할 특정 집단이 필요하다. 여기서 등장하는 포퓰리즘의 기저 논리가 '우리'와 '그들'의 분리다. '그들'을 주변화하고 배제함으로써 '우리'를 구축해 집결하는 전략이다. 엘리트든 난민이든 다른 무엇이든 '우리'가 아닌 자들을 경쟁과 타협의 상대가 아닌 배제하고 없애야 할 적으로 간주하는 것은 자유주의와 다원주의의 가치를 위반한다. 자유민주주의자 입장에서 이는 민주주의에 대한 명백한 위협이다. 그들에게 자유주의·다원주의와 민주주의는 별개가 아니기 때문이다.

반면 마르크스주의자들은 자유주의와 민주주의의 결합을 '부르주아 민주주의'로 보며, 자본주의 안에서의 자유주의는 가진 자들의 재산을 보호할 뿐이라고 비판한다. 이들 중 좌파 포퓰리즘을 표방하는 일부는 포퓰리즘을 다소 호의적—비-자유주의적 조처를 통해 삐걱대는 자유민주주의를 손보는 정치 현상—으로 해석한다. 이에 따르면 포퓰리즘은 '비-자유주의적 민주주의'의 다른 이름이다. 다수의 횡포와 폭주를 방지하기 위해 만들어진 비선출 관료 기관들이 다수 인민의 요구를 압살하고 지배 엘리트 계층만을 위한다는 문제의식의 표현이라는 것이다.

얀 베르너 뮐러는 '비-자유주의적 민주주의'론을 강도 높게 비판한다. 그에 따르면 이런 관점은 포퓰리즘을 지나치게 선의로 해석한 것이다. 민주주의를 파괴하려는 포퓰리스트 정치인은 '비-자유주의'라는 딱지를 오히려 반긴다. '비-자유주의적일 뿐 여전히 민주주의'라고 변명할 여지를 주기 때문이다. 포퓰리스트가 자의적·도덕적으로 규정하는 인민은 통계적 다수와도 거리가 멀다. 그들이 말하는 인민은 일종의 상징이다. 자신이 가는 길이 곧 인민의 길이라고 주장하는 데 거리낌이 없다. 따라서 포퓰리즘은 민주적 절차를 왜곡하기가 십상이다. 밀러는 포퓰리스트가 민주주의를 망가뜨리며, 따라서 포퓰리즘에 비-자유주의적 민주주의라는 별칭을 붙여선 안 된다고 주장한다.

비-자유주의적 민주주의와
아래로부터의 포퓰리즘

포퓰리즘은 민주주의를 위협한다. 그러나 포퓰리즘이 민주주의 혹은 대의민주주의 자체를 적대하는 것은 아니다. 포퓰리스트 정치인은 모두 민주적으로 선출된다. '인민의 수요'라는 측면에서, 서병훈은 포퓰리즘의 골자에 '인민주권 회복론'과 함께 '대중의 감성을 자극하는 단순 정치'라는 독특한 스타일을 포함해야 한다고 이야기한다. 그 스타일 가운데 하나는 '카리스마'다. 밀러의 이론과 종합하면, 포퓰리즘은 카리스마를 가진 정치인이 인민주권 회복을 외치면서 지배 엘리트 대 순수한 인민(보통 사람)으로 '그들'과 '우리'를 분리한다. 그럼으로써 '비-민주적 자유주의'로 경도된 자유민주주의를 '비-자유주의적 민주주의'로 교정하려 하지만 이는 거짓 선동에 불과하다. 궁극적으로 포퓰리즘은 민주주의를 위협하는 정치적 병리 현상이다.

병리 현상이라 함은 포퓰리즘이 그 자체로 문제가 아니라, "지배적인 정치 이념이 제대로 작동하지 않아 수리가 필요하다는 신호이자, 표준적인 세계관이 고장 났다는 신호"[5]라는 사실을 말한다. 그러므로 포퓰리즘을 맹렬히 공격하는 것만으로는 인민의 포퓰리즘 수요를 통제할 수 없다. 그리고 포퓰리즘의 반-민주적 성격이 '비-자유주의적 민주주의' 명제를 기각할 이유가 되지는 않는다. 목욕물 갈자고 아이까지 버릴 필요는 없다는 말이다.

앞서 소개한 뮐러의 포퓰리즘 비판은 그가 포퓰리즘과 포퓰리스트의 정치를 동일하게 간주한 결과다. 즉 포퓰리즘의 주체를 정치인과 정당으로만 상정한 것이다. 포퓰리즘에 주목해야 할 이유는 많지만, 그것을 정치인과 정당의 정치 행위로만 보기를 고집하면 '극우 포퓰리즘을 어떻게 극복할 것인가' '혐오 정치에 어떻게 맞설 것인가' 등의 논의에 많은 제약이 따른다. 이에 나는 새로운 관점으로 '아래로부터의 포퓰리즘'을 제안한다.

'아래로부터의 포퓰리즘'이라는 명제는 포퓰리즘이 항상 민주주의와 함께 있다는 논의에서 출발한다. 정치학자 벤저민 아르디티Benjamin Arditi는 프로이트의 증상symptom 개념을 빌려와 포퓰리즘-민주주의 관계를 증상-자아 관계와 같다고 주장한다. 자아가 완전하지 않은 채 무언가를 결여하고, 무언가에 억압되어 있는 한, 증상은 자아에 내속해 있으면서 이따금 불안과 소요를 일으킨다. 마찬가지로 포퓰리즘도 민주주의에 이질적이고 적대적인 것이 아니라 민주주의에 내재하면서 이따금 증상으로 나타난다. 현대 민주주의는 일상적으로는 정치인과 관료 등에 위임되어 있다. 그런데 인민은 대표를 직접 뽑는 선거를 통해 주기적으로 이에 개입한다. 이렇듯 오늘날의 대의민주주의는 비전문가·대중의 개입이 일으키는 소요가 불가피하다는 점에서 포퓰리즘은 민주주의에 항상 내재한다고 할 수 있다.[6]

이와 비슷하게 정치학자 마거릿 캐노번Margaret Canovan은 포퓰리즘이 민주주의에 이미 깃들어 있으며, 늘 따라다니는 그림자와 같다고 주장한다. 그에 따르면 민주주의는 두 얼굴을 하고 있다. 실용적 측면과 구원적 측면이다. 민주주의의 실용적 측면은 갈등이 압제나 전쟁이 아니라 대의제를 구성하는 기구 간의 실천을 통해서 합의되는 양상을 말한다. 하지만 민주주의는 갈등의 형식적 합의만으로는 불충분하다. 민주주의의 구원적 측면은 주권자 인민의 행동으로 더 나은 세상을 만들어내리라는 기대와 희망과 약속을 말한다. 민주주의가 제대로 작동하려면 두 얼굴이 조화를 이루어야 한다. 하지만 둘의 마주침은 언제나 너무 이르거나 너무 늦다. 어쩔 수 없이 한쪽의 과잉과 다른 한쪽의 결핍이 일어난다.

캐노번에 따르면, 포퓰리즘은 민주주의의 두 얼굴의 간극이 벌어질 때 발생한다. 두 짝패가 완전히 동일한 것은 아니지만, 민주주의의 실용적-구원적 측면의 관계는 자유주의-민주주의의 긴장 관계와 비슷하게 볼 수 있다. 두 측면의 부조화는 대개 민주주의가 실용 쪽으로 지나치게 기울면서 일어난다. 비-자유주의적 민주주의로서 포퓰리즘도 비슷하다. 자유민주주의가 비-민주적 자유주의로 흘러갈 때, 이를 교정하고자 포퓰리즘이 발생한다. 결국 포퓰리즘은 민주주의의 본질적 긴장과 결핍에 따라다니는 숙명과도 같은 것이다.[7]

정치철학자 에르네스토 라클라우Ernesto Laclau는 캐노번보다 한 발 더 내딛는다. 그는 포퓰리즘이 민주주의의 조건이며 '정치적인 것the political'*의 일반적 논리라고 주장한다. 나아가 포퓰리즘을 정치의 동의어로 규정한다.[8] 라클라우의 포퓰리즘 연구를 이해하기 위해서는 그의 동료 샹탈 무페Chantal Mouffe의 '좌파 포퓰리즘'과 함께,

---

* 20세기 정치철학자 카를 슈미트Carl Schmitt가 제안한 개념. 그에 따르면 인간 사회의 기본 조건은 적대와 갈등이며, 이에 따라 그들(적)과 우리(친구)가 만들어 진다. 따라서 정치적인 것이란 '우리'와 '그들' 간의 항시적 투쟁을 가리킨다.

그들의 포스트-마르크스주의와 '급진 민주주의' 기획을 들여다볼 필요가 있다.

포퓰리즘과 정치적인 것

라클라우와 무페의 포스트-마르크스주의는 마르크스주의의 위기에 대한 논의에서 출발한다. 마르크스주의의 위기는 사회주의의 본질, 대안적 사회의 가능성에 대한 회의를 핵심으로 하며, 그 진원지는 1968년 유럽의 서쪽과 동쪽을 뒤흔든 프랑스 68혁명과 '프라하의 봄'(체코슬로바키아 자유화 운동)이다. 특히 68혁명의 경우, 노동계급이 아닌 주변적 집단이 새로운 정치 세력으로 떠오름으로써 변혁 주체로서 프랑스 공산당의 지위가 위협받았고, 계급투쟁으로 환원되지 않는 여러 갈등들이 사회운동의 새로운 근간으로 자리 잡았다. 여성·환경·소수자 문제와 같이 새로운 주체들과 결부된 특정 이슈들은 전통적 좌파 입장에서는 헤게모니를 획득할 수 없는 골칫거리였다. 68혁명 이래로 많은 사람이 "혁명적 의식의 발전은 노동대중을 대표/대변한다는 중앙집권적 당보다는 각기 특수한 형태의 억압에 대항하는 비-조직 운동들의 결속 및 강화에 의존할 수밖에 없다는

주장을 내세우게 되었다".[9]

계급 갈등으로 해석되지 않는 다양한 사회 영역에서의 다툼이 쏟아지고 노동계급 내부로부터도 합의가 난망한 문제가 터져나옴에 따라 "사회 현실의 파편적 성격 및 불확정성, 그리고 변동에 대한 통일적 담지 세력의 부재 등"[10]에 대한 문제 제기가 시작되었다. 포스트-마르크스주의의 주창자들은 공통적으로 전통적 마르크스주의의 "합리주의, 목적론, 진화주의, 경제결정론, 노동자계급을 보편적인 역사 주체로 상정하는 계급투쟁론과 프롤레타리아 혁명론 전체"[11]를 비판했다.

이러한 맥락에서 라클라우·무페는《헤게모니와 사회주의 전략》(1985)을 썼다. 라클라우·무페가 공격 대상으로 삼는 것도 전통적 마르크스주의의 본질주의, 즉 계급환원주의다. 사람들은 같은 노동계급이라도 서로 큰 차이가 있는 존재라는 걸 깨달았다. 그러한 깨달음은 주로 일상에서 우연히 일어난다. 이는 계급환원주의가 역사에서 차지하는 일상적 체험과 우연한 것들의 역할을 설명하는 데 한계를 보이는 것과 같은 맥락이다.

역사의 우연성을 설명하기 위해 라클라우·무페는 마르크스주의의 결정론 대신 안토니오 그람시Antonio Gramsci의 헤게모니hege-mony(지배력, 주도권, 패권) 개념을 가져온다. 그들의 포스트-마르크스주의의 기반은 세 가지다. ①모든 사회적·정치적 정체성의 비-고정성, ②특권적 정치 주체의 부재, ③각기 다른 지점들에서 우연적으로 구성되는 집합의지와 그에 따른 해방적 실천이다. 유의할 점은 우연성은 강조되지만 그것이 인간의 의지와 통제를 완전히 벗어나는 건 아니다.

사회적 관계가 일시적·우연적 응고의 결과라면 사회의 형성 또한 경제적 토대에 따라 필연적으로 결정되는 게 아니다. 라클라우·무페는 사회를, 끊임없이 변형을 거듭하는 사회구성체로 이해하기를 고집한다. 그들이 말하는 사회구성체란 로이 바스카Roy Bhaskar의 비판적 실재론과 유사한 인식론적 관점[12]에서 담론구성체와 다르지 않다. 우리가 살고 있는 현실 세계가 실재와는 다른, 경험으로 구축한 내부 모델에 입각해 만들어진 세계이며, 외부 감각정보를 추론하고 해석한 결과물이듯, 우리가 사회라고 부르는 것 역시 당대 지배담론에 따라 그 의미가 구성된 결과물이다. 따라서 그 실체를 인식하는 것은 사실상 불가능에 가깝다. 다시 말해 사회는 실증적으로 고정된 것이 아니라 "궁극적인 불가능성"[13]이다.

처음부터 주어진 것처럼 보이는 사회적 관계들은 담론의 산물이다. 사회적 갈등의 관계도 자본계급과 노동계급의 갈등으로 정해진 것이 아니다. 따라서 "객관적 조건들의 존재로부터 자동적으로 적대와 투쟁을 끌어낼 수는 없다".[14] 노동계급 안에서도 갈등은 존재한다. 생산직과 사무직, 제조업과 서비스업, 임금노동자와 자영업

'요구'를 매개로 한 '우리'와 '그들'의 항시적인 투쟁이라는 점에서 포퓰리즘은 근본적으로 '정치적인 것'이다. ©Dominic Mckenzie

자, 정규직이과 비정규직, 직접 고용과 용역, 남성과 여성, 성정체성과 성지향성, 인종과 민족 정체성에 따라 발생하는 갈등은 계급투쟁의 렌즈로는 설명되지 않는다. 각종 사회 갈등의 전선을 가르는 정체성은 처음부터 정해져 있지 않다. 라클라우·무페에 따르면 정체성 역시 헤게모니적 접합의 산물이다. 그 접합의 기본 단위는 '요구demand'다.

　라클라우가 포퓰리즘을 정치적인 것의 일반 논리에 등치시키는 과감함을 보일 수 있는 이유는 이렇다. 그는 정치 행위자로서 인민이 형성되는 논리가 포퓰리즘의 구조와 다르지 않으며 이것이 곧 정치

적인 것의 논리와 같다고 본다.《포퓰리즘적 이성에 관하여On Popu-
list Reason》(2005)에서 라클라우는 한 산업도시의 변두리로 이주해온
농민 집단 이야기로 이를 설명한다. 변두리 지역에 인구가 늘면서 주
거 등 다양한 문제가 발생한다. 주민들은 당국에 대책을 요구하지만
속 시원한 개선은 이뤄지지 않는다. 자연스럽게 요구는 누적되고 불
만이 쌓이는 한편, 주민들은 주변의 다른 집단들 역시 비슷한 요구
(주택·교육·의료 등)를 갖고 있음을 깨닫는다. 시간이 지남에 따라 제각
기 관철되지 못한 요구들이 우연한 기회에 서로 마주치면서 그것들
사이에 등가적 관계가 만들어진다.[15] 등가적 관계란 '네가 원하는 것
이 내가 원하는 것'이라는 공감과 동의의 주고받음이다. 이렇게 연대
감이 형성되면 '우리'와 '그들'(당국 또는 요구가 관철될 경우 손해를 보는 다
른 집단)의 적대 전선이 만들어진다. 정치적 행위자로서 인민은 이렇
게 '우리'로 형성된다.

아래로부터의 포퓰리즘,
또는 급진 민주주의

라클라우·무페는 계급환원주의의 대안으로 '급진 민주주의'를 제시
한다. 급진 민주주의는 헤게모니적 실천을 매개로 자유주의와 민주

주의의 경합적 접합을 시도하는 기획이다. 따라서 기울어진 자유민주주의를 비-자유주의적 민주주의로 교정하려 하는 포퓰리즘과 긴밀히 맞닿아 있다. 앞서 이주 농민의 사례에서처럼 주민 일부나 혹은 다수가 어떤 요구를 한다고 해서 정부 당국이 다 들어줄 수는 없는 노릇이다. 재원 등 현실적 문제를 고려해야 할 뿐더러 특정 요구를 이행했을 때 피해를 보는 소수 집단이 있기 때문이다. 이럴 때 정부 당국은 원만한 합의를 선호하지만, 다수 집단은 으레 이를 지배층의 기만으로 받아들인다. 그리고 당국과 소수 집단을 향한 원한과 분노를 쌓는다. 그들은 소수의 권리와 다수의 권리는 차등을 둬야 한다고 주장한다.

이렇듯 요구들의 마주침과 등가적 관계의 형성 과정은 순탄치 않다. 공통 요구에 결부된 공감대와 연대감이 만들어지기 앞서 각자 다른 요구들로 인한 갈등이 반드시 발생한다. 어떤 요구가 충족됨으로써 누군가에게는 피해나 부담이 전가되기 때문이다. 비슷한 처지의 사람들이 분열되지 않고 영향력 있는 정치 세력으로서 인민으로 거듭나기 위해서는 최대 다수가 당장 동의할 수 있는 하나의 요구가 내세워져야 한다. 이 공통의 요구가 지적·도덕적으로 합당하다는 집단들의 암묵적·명시적 합의가 헤게모니다. 헤게모니적 접합은 산재한 작은 갈등은 잠시 접어두고, 합의된 공통의 요구를 중심으로 이질적인 집단들이 한데 결집하는 것이다. 그리고 그 중심에서 인력引力

을 발휘하는 요구를 헤게모니적 기표라고 부른다. 정책이나 가치, 이념, 도덕적 명제, 인물, 이미지, 상징 등 무엇이든 헤게모니적 기표가 될 수 있다.

헤게모니적 기표를 중심으로 분리되는 '우리'와 '그들', 그 둘의 적대와 경합은 정치의 출발점이다. 분리의 기준과 양상은 처음부터 정해져 있지 않고 맥락과 상황, 헤게모니적 실천에 따라서 끊임없이 변화하며 움직인다. 라클라우가 포퓰리즘이 정치적인 것의 논리라고 할 때, '정치적인 것'이란 '우리'와 '그들' 간의 항시적이고 중단되지 않는 투쟁을 가리킨다.

정치적인 것과 구별되는 '정치'는 평등한 인격체들이 합리적인 토론을 통해 최종적 합의를 이루고 정의에 도달할 수 있다는 믿음을 근간으로 한다. 말하자면 토론과 합의로 '우리'의 범위를 넓히고 '그들'을 포섭해, 거대한 궁극의 '우리'를 이룩할 수 있다는 믿음이다. 갈등을 최대한 누르고 평화적으로 해결하려 하는 제도라는 점에서 '정치'는 '치안'과 등치된다. 반면 무페는 "현대 민주주의에서 정의의 문제는 반드시 영속적이고 미해결된 물음으로 남아 있을 수밖에 없다"[16]라고 주장한다. 따라서 '그들'을 밀어내는 포퓰리즘은 정치에 늘 내속하며, 그 자체가 곧 '정치적인 것'이다.

라클라우·무페의 포퓰리즘론, 급진 민주주의론에서는 정치 지도자의 역할이 그리 중요하지 않다. 정치 세력화로 발생하는 것이 인민이며, '우리'와 '그들'을 분리해내는 주체도 인민이다. 헤게모니적 실천이 중요하지만 그 주체는 정치인과 정당에 한정되지 않고 인민의 자발적 실천이 강조된다. 따라서 라클라우·무페의 포퓰리즘론과 급진 민주주의론을 '아래로부터의 포퓰리즘'이라고 특징지어도 손색없다. 이제부터 아래로부터의 포퓰리즘을 렌즈로 삼아, 이른바 '20대 현상'을 비롯해 한국사회가 당면한 여러 문제를 살펴보려고 한다.

66 2008년 경제위기는
신자유주의 모델의
모순을 드러냈고, 오늘날
신자유주의 헤게모니
구성체는 좌파와 우파
모두가 보여준 다양한
반체제 운동들에 의해
의문시되고 있다.
'포퓰리즘 계기'는
빠르게 증가하는
불만족스러운 요구들로
인해, 정치적 혹은
사회경제적 전환에
대한 압박에 처한 지배
헤게모니가 불안정해진
때이다.

샹탈 무페,
《좌파 포퓰리즘을 위하여》,
2019.

"

포퓰리즘의 동력은 민중의 불만과 분노다. 장기 불황 국면에서 정치가 이를 타개하려는 의지와 역량이 없거나, 그렇게 간주될 때 포퓰리즘의 동력이 배가된다. 사실 경제위기에서 정치가 무력하고 불신받는 게 새삼스러운 일은 아니다. 하지만 이번만큼은, 코로나19라는 미증유의 재난 상황을 거론하지 않더라도, 위기의 무게감이 사뭇 다르다.

IMF 외환위기(1997)와 오늘의 상황을 비교하면 직관적으로 다가올 것이다. 과거에는 전 국민이 (희생을 감수하고서라도) 일사불란하게 위기를 극복해야 하며, 회복할 수 있다는 암묵적 합의가 존재했다. 지금은 어떤가? 국가 경제는 성장했다는데 각자의 살림살이는 제자리거나 더 나빠졌다고들 한다. 내 몫은 대체 어디로 갔냐는 것이다.

위기와 회복, 성장과 분배라는 순환 구조 자체에 의구심과 환멸이 일어나기 시작했다. 이대로는 안 된다는 목소리가 터져나온다. 이렇듯 현 체제에 분개하면서도 대안에 관해서는 합의가 이뤄지지 않고 있다. 요컨대 "낡은 것은 가고 새것은 아직 오지 않은"[1] 깜깜한 시기다. 그람시는 이를 '인터레그넘interregnum'이라 일컬었다. 우리말로 '궐위'로, 모종의 이유로 최고 지도자가 부재한 기간을 뜻한다. 상식으로 받들어온 지배 헤게모니, 합의와 약속, 권위가 의심받고 도전받는 시간이기도 하다. 이 공백을 채울 뾰족한 대안과 해법이 보이지 않을 때, 포퓰리즘이 부상한다. 샹탈 무페는 이것을 '포퓰리즘 계기'라고 부른다.

오늘날 한국의 '20대 현상'은 부상하는 포퓰리즘의 한 양상이다. 우리는 포퓰리즘 계기를 살고 있다. 한국만이 아니라 전 세계가 그렇다. 요약부터 하자면 포퓰리즘 계기는 1970년대 후반 이후 득세한 신자유주의 헤게모니 구성체의 은폐된 이음새(복지 축소, 노동 유연화, 규제 철폐 등 경제성장과 유지를 위해 취해진 개악 조치 등)가 노출되면서 대중이 그것의 탈구를 목격하고 체험하게 되는 시기를 말한다.

포퓰리즘을 정치경제적 측면에서 연구한 문헌으로 정인경·박상현·윤종희·박정미의 《인민주의 비판》(2005)이 있다. 역사적 자본주의론, 세계체계론world system theory* 으로 포퓰리즘을 분석한 책이다.

---

* 세계를 유기적인 단일체계로 인식해 그 중심부–주변부의 비대칭적 상호관계를

정인경에 따르면 역사적으로 포퓰리즘은 "축적체계의 위기를 반영하는 세계 헤게모니의 위기에 대한 대응으로 출현"[2]해왔다. 포퓰리즘의 출현과 세계 헤게모니 균열-이행을 다소 기계적으로 연결하는 등 무리한 구석이 엿보이지만, 이 책이 도구로 삼은 세계체계론은 도처에서 부상하는 포퓰리즘을 큰 틀로 조망하는 데 유용한 도구다.

세계체계 헤게모니의 균열

경제·사회학자이자 세계체계론자인 조반니 아리기Giovanni Arrighi는 《장기 20세기》(2008·2014)의 결론에서 경제학자 조지프 슘페터 Joseph Schumpeter를 인용한다. "자본주의 체계의 실제 성과와 기대되는 성과를 보면, 자본주의가 경제적 실패의 무게를 견디지 못하고 붕괴한다는 사고를 부정하기에 충분"하지만, "그 성공 자체가 그것을 보호하는 사회 제도들을 침식하여 '불가피하게' 더 이상이 그것이 생존할 수 없는 조건을 만들어낸다."[3] 말인즉 마르크스주의의 믿음과 달리 자본주의는 어떻게든 실패를 극복해내고 재도약한다. 그런

규명하는 이론. 1970년대 이매뉴얼 월러스틴이 창안했으며 세계체제론이라고도 한다.

데 이 재도약은 그것을 가능케 하는 제도와 조건들을 착취하면서 이룬 성과다. 따라서 자본주의의 재도약은 영원할 수 없다.

아리기에 따르면 슘페터의 주장은 역사에서 두 차례 입증되었다. 1970년대 불어닥친 자본주의의 실패와 봉합, 그리고 2008년의 또 다른 실패는 자본의 실물적 팽창과 금융적 팽창의 순환으로 나타난다. '세계 헤게모니'는 이 순환과 함께 이행한다. 세계 헤게모니는 각국이 동의한 리더십에 근간한 지배다. '세계 헤게모니 국가'는 이 리더십을 보유함으로써 자국의 이익을 국제질서의 이익에 포개며 세계 자본주의 발전을 주도하는 국가다. 20세기 중반 이후 세계 헤게모니 국가는 단연 미국이었다. 그 위상이 지금 흔들리고 있다. 미국이 이끌어온 신자유주의 질서 역시 요동치고 있다.

마르크스는 자본의 순환을 M(화폐)-C(상품)-M'(화폐)로 도식화했다. 아리기는 이 도식을 두 국면으로 나눈다. 'M-C'는 화폐를 투자하여 상품을 생산하는 실물적 팽창 국면으로, "계속적으로 화폐자본이 상품자본으로 전환되는 과정, 계속 해로운 상품을 생산하기 위한 투자가 늘어나는 국면"[4]이다. 실물적 팽창은 곧 산업생산의 팽창이며, 자본주의 발전의 특징이다. 이 국면에서는 이윤율이 금융수익률보다 높다. 따라서 실물경제 즉 생산·유통에 대한 투자가 활발해지며 교역과 함께 고용도 늘어난다. 2차 세계대전 직후에서 1970년대까지가 이 구간에 해당하며, 자본주의 황금기라고도 불린다.

황금기는 오래 가지 못한다. 미국 헤게모니의 균열 징후는 1960년대 말부터 나타난다. 베트남전쟁은 그 균열을 상징하는 사건이다. 반전운동이 촉발한 68혁명은 발전주의와 냉전, 자유주의 이데올로기에 물음표를 달았다. 무엇보다 베트남전은 미국 재정에 큰 부담을 안겼다. 여기에 후발 자본주의 국가들과의 제조업 경쟁은 달러 가치 하락과 대규모의 자본유출을 불러왔다.

한편 실물적 팽창기의 중복 투자는 미국 내에서의 경쟁도 과열시켰다. 기업은 이윤을 사수하기 위해 임금을 줄이는, 가장 손쉬운 길을 택했다. 그러나 노동 조건의 악화는 작업장 안팎의 저항을 불렀고, 이윤율은 도리어 하락하며 금융수익률보다 떨어지게 되었다. 자연스럽게 자본이 금융으로 옮겨가고, 실물적 팽창에서 금융적 팽창으로 전환한다. 이때 일어난 경제적 소요가 1970년대 중반의 경제위기다.

생산에 투자되던 자본이 금융으로 옮겨가면서 고용 하락은 전 지구적 현상이 되었다. 국경의 한계를 넘어선 자본은 더 나은 투자조건이 있다면 세계 어디든 찾아간다. 한국 역시 1980년대부터 시장을 개방하라는 압박을 받기 시작했다. 아리기가 말하듯 "역사적으로 금융적 팽창의 수요 조건을 창출한 결정적 요인은 이동자본을 둘러싼 국가 간 경쟁의 첨예화였다".[5] 이것이 금융 세계화이며, 신자유주의는 금융 세계화에 더 좋은 조건을 마련해주는 데 복무하는 체제다.

금융적 팽창 국면에서는 자본이 해외로 나가면서 국내 산업자본의 경쟁이 완화된다. 그 덕분에 이윤율이 잠깐 반등하는 시기를 벨 에포크belle époque라[*]고 한다. 물론 말 그대로 일시적 현상이며 얼마 지나지 않아 더 큰 위기로 이어지곤 한다. 1990년대 미국의 신경제 호황과 닷컴버블(IT버블)을 들 수 있다. 아리기는 닷컴버블이 완전히 꺼진 2003년을 미국 헤게모니의 종말로 점찍었다. 그러나 헤게모니의 종말-이행은 없었고, 그 대신 2008년 세계 금융위기가 발생했다. 이에 대해《장기 20세기》의 개정판(2014)에서 아리기는 "단지 이런 해석의 정당성을 확인해 주었을 따름"이라고 주장한다. 그는 위기 이후의 세계를 세 가지로 전망("세계제국의 형성이나, 비-자본주의 세계경제의 형성, 아니면 끝없는 체계의 카오스 상황"[6])했고, 지금 우리는 세 번째 시나리오의 도래를 목격하고 있다.

자본주의 세계체계의 중심부 국가들이 1970년대의 경제침체와 2008년 금융위기를 겪는 동안, 한·중·일 등 동아시아는 놀랄 만큼 안정적이었으며, 위기를 맞아도 신속하게 회복하는 모습을 보였다.[7]

---

[*] "반짝하고 올라가는 시점을 바로 벨 에포크라고 부릅니다. (…) 19세기 말에서 20세기 초반의 영국을 지칭한 이 용어는 (…) 그런데 이런 벨 에포크는 영국 시기에만 등장한 게 아니라 네덜란드 시기나 1990년대 미국의 '신경제'를 통해서도 나타났습니다. 금융화와 더불어 겉보기에는 굉장히 풍족해 보이지만 그 이면에는 빈곤화가 심각해지는 시기였죠." 백승욱,《자본주의 역사 강의》, 그린비, 2006, 287-289쪽.

일본은 일찍이 한국전쟁이라는 부흥의 전기를 맞았고, 효율성을 강조하는 '도요타 시스템'을 필두로 포스트-포드주의post-Fordism[*]로의 전환을 성공적으로 이룩해내며 자본주의 중심국가로 안착했다. 한국의 경우, '냉전의 쇼윈도'로 불리는 혜택 속에서 경제발전의 인프라를 구축했고, 1980년대 들어서는 전례 없는 호황을 구가하게 된다.

한편 중국은 1978년 개혁정책 이후 꾸준하면서도 가파른 경제성장을 이루었다. 1990년대 중후반 한국을 비롯한 동아시아 신흥국들이 외환위기에 시달릴 때나 10년 뒤 세계 금융위기 국면에서도 중국의 성장세는 멈추지 않았고, 21세기에는 전 세계 제조업의 20%를 차지하는 '세계의 공장'으로 거듭났다. 아리기는 서구 중심 자본주의에 굴복하지 않은 채 500여 년간 유지해온 중국의 전통과 성장에 주목했고, 조만간 이 나라가 미국을 대신해 세계 헤게모니 국가의 자리를 차지하리라 예측한 바 있다.

반면 세계체계론의 또 다른 선구자 이매뉴얼 월러스틴Immanuel

---

* 대량생산체제로 미국의 산업화를 이끈 포드주의가 1970년대 이후 구조적 위기를 겪으면서 등장한 산업 경향. 탈-포드주의라고도 한다. 다품종소량생산을 지향하며 컨베이어벨트에서의 단순반복노동에서 벗어나 노동자의 자율성과 숙련을 보장하고, 조직 내 의사결정 구조의 다변화를 꾀하는 등 20세기 후반 기업·산업 문화 전반에 많은 영향을 미쳤다.

Wallerstein은 중국에 관해 다른 견해를 밝힌다. 그는 동아시아의 성장에서 자본주의의 중심 이동이 아닌, 오히려 자본주의 팽창의 한계를 본다. 중국의 고도성장은 (중심부 국가가 주변부 국가를 착취함으로써 유지되는) 세계체계의 원리를 위협하며 심각한 생태·환경 문제들을 낳고 있기 때문에 평화적 헤게모니 이행 가능성이 희박하며, 세계체계는 새로운 이행-팽창이 아니라 커다란 분기점을 맞이하고 있다는 주장이다.[8] 이에 따르면 2008년 금융위기는 헤게모니 이행의 계기가 아니라 '끝없는 카오스 상황'의 계기라고 할 수 있다.

후기산업사회와 신자유주의

1970-1980년대 전 세계에 걸친 사회적·경제적·정치적·문화적 변동은 이른바 신경제, 신사회를 도래케 했다. 사회학자 스튜어트 홀 Stuart Hall이 '뉴 타임스'라 일컬은 이 변화를 가리키는 용어로 '탈-산업' '주체의 혁명' '포스트-모더니즘' 그리고 '포스트-포드주의'가 있다.

포스트-포드주의는 2차 산업혁명을 특징짓던 화학·전기 기반의 테크놀로지가 '정보 테크놀로지'에 밀려난다는 사실과 함께 노동의 유연화와 탈-집중화, 노동 조직 형태 변화 등을 포괄한다. 또한 사회적·문화적 변동으로서의 포스트-포드주의는 "사적 소비를 통한 개인적 선택의 극대화뿐 아니라 사회적 파편화와 다원주의의 강화, 과거의 공동체적 유대와 집단 정체성 약화의 전조"[9]가 된다.

포드주의의 특징은 표준화된 제품과 기계화된 과업이다. 포드는 장인 노동과 구별되는 대량생산을 무기로 훨씬 저렴한 가격에 자동차를 팔 수 있었다. 대량생산체제는 대량소비가 전제되어야 한다. 따라서 이는 동종 외국 상품과의 경쟁에서 앞서기 위한 자국시장 보호와 연결되며, 수요의 변화에 취약하다. 포드주의의 분업 체제는 숙련 노동자를 언제든 대체 가능한 존재로 전락시켰다. 정신노동과 육체노동의 분리가 공고해졌고 인간은 기계 부품과 다름없이 취급되었다. 한편으로 이는 빈번한 파업을 유발하는 부작용을 낳았다.

1968년 포드주의는 유럽과 미국에서 강력한 저항에 직면한다. 이 저항은 문화적 성격을 강하게 띠었는데, "포드주의의 중심적 원칙들, 노동과 소비에 대한 포드주의의 정의, 포드주의에 의한 도시의 형성과 자연의 파괴를 공격했다".[10] 무엇보다 수요가 파편화되고 불안정해졌다. 같은 노동계급 안에서도 제각각인 정체성이 소비 경향의 차이로 이어지며 대량소비의 예측가능성이 붕괴한 것이다. 아울러 격화되던 작업장 내 저항에 따른 이윤 하락과 오일쇼크까지 겹치면서, 1974년 서구는 대공황 이래 최악의 불황을 맞이하게 된다. 2차 대전 이후 세계 자본주의 발전을 견인해온 포드주의와 케인스주의가 더 이상 생산-소비의 순환을 보장해주지 못한다는 인식이 팽배했다.

위기는 포드주의 체제를 수술대에 올렸다. 대량생산에서 가장 중요한 수요 예측에서부터 변화가 일었다. 1950년대 이후 컴퓨터를 도입한 판매자들은 입·출고 내역과 재고·반품 데이터를 전산화했다. 시장을 세분화하고 소비 패턴과 상품을 짝지은 '라이프 스타일'을 분석해 고객이 원하는 상품을 내놓을 수 있게 했다. 디자인이 상품의 핵심으로 떠올랐고, 소비 정체성으로 지위와 계급을 확인하고 싶은 고객의 요구를 충족하는 게 화두가 되었다. 이 과정에서 "생산자들의 규모의 경제에서, 판매자들의 범위의 경제로 그 강조점이 옮아왔다".[11] 이것이 포스트-포드주의 시대로의 변동이다.

포스트-포드주의의 전범은 자동차기업 도요타다. 기업의 제1원칙이 낭비적 관행 제거였던 도요타는 과잉생산을 예방하기 위해 적기생산체계just in time, JIT(재고를 쌓아두지 않고 판매 흐름에 맞춰 생산하는 방식)를 도입했다. 도요타의 생산 방식에서 숙련의 가치가 부활했고, 노동자들은 종신고용을 보장받았다. 물론 부작용도 있었다. 무엇보다 노동이 중심부-주변부로 분리되는 양상이 또렷해졌다. 생산 과정에서 부차적인 업무는 하청으로 돌리고, 종신고용에 들어가는 비용을 주변부 노동의 저임금화로 벌충하는 것이다.

인플레이션, 생산성 하락, 이윤율 감소 등 자본주의 발전을 견인하던 포드주의 체제가 한계를 드러내면서 쇄신책으로 고안된 게 포스트-포드주의다. 신자유주의 체제는 이 포스트-포드주의의 효율을 극대화하는 세계관이다. 하이에크Friedrich Hayek, 포퍼Karl Popper, 프리드먼Milton Friedman 등 고전적 자유주의의 이상을 좇고 케인스주의에 반대하는 학자들로 구성된 몽페를랭 학회Mont Pelerin Society는 2차 세계대전 직후부터 자유시장경제와 국가개입의 축소를 모의했다. 고전적 자유주의의 이상에 근거한 이런 생각들은 주류 엘리트층을 중심으로 1970년대의 위기를 타파할 미래 프로젝트로 덩치를 키워나갔다. 이런 흐름은 '경영자 자본주의'로부터 '주주 자본주의'로의 이행, 탈-규제, 민영화, 유연화, 세계화, 금융시장 자유화라는 이름으로 전 세계의 사회적·경제적 관계를 재편하게 된다.[12]

한국의 신자유주의

한국이 신자유주의로 이행하는 경로 역시 세계 자본주의 체제의 변동과 함께한다. 한국에서 시장 개방 논의가 시작된 것은 1980년대부터다. 이전까지 한국의 개발독재 체제는 신식민지-국가독점자본주의의 성격을 띠었다. 이는 국제적으로 예속된 조건에서 노동계급을 착취하며 만들어낸 고도성장-축적 체제다. 미국의 원조에 의존하던 한국은 1960년대 이후 자본주의 중심국가들의 차관을 밑천으로 한 수출 중심의 경제정책과 베트남전쟁 특수에 힘입어 고도성장을 달성했다. 그러나 전술한 포드주의-케인스주의의 한계와 세계적 경제 침체는 한국에도 타격을 주었고, 1979년의 극심한 불황으로 이어졌다. 때마침 고도성장기에 정치의식과 민주화 역량을 키워가던 시민과 대학생들이 주도한 부마항쟁은 박정희-유신체제의 붕괴를 가져왔다.

1980년대 전두환 정권 역시 개발독재 체제였지만 이 시기 한국은 금융적 팽창 국면으로 접어들며 시장 개방과 경제 자유화의 압박에 놓이기 시작했다. 과잉·중복 투자를 받아온 중공업이 구조조정되고 "증권거래 대중화, 주식관련 해외 증권 발행, 외국은행 국내지점 CD업무 허용 등"¹³ 새로운 체제의 기반이 형성되었다. 그러면서도 법·제도는 물론 초법적 공권력을 두루 동원한 노동 탄압은 계속되었다.

변화의 전기는 1987년에 마련되었다. 그해 6월 민주화항쟁과 7-8월 노동자 대투쟁은 "한국에서 노동자계급의 역사적 등장을 알리는 것"¹⁴이었지만 당시 운동의 헤게모니는 자유주의 세력에게 있었고, 변혁은 시민혁명(절차적 민주화)에 머물렀다. 결과적으로 이때 쟁취한 자유화와 민주화는 신자유주의의 조건과 다를 게 없었다.

개발독재가 종식된 1990년대 이후 한국사회는 '세계화'라는 이름의 시장 개방 압력과 마주한다. 일련의 개방화 조치가 '재벌'이라는 한국의 기업문화와 만난 결과는 IMF외환위기(1997)라는 대재앙이었다. 이는 단순한 경제위기를 넘어서는 거대한 변화—초국적 자본의 유입과 더불어 신자유주의적 수탈 구조로의 전환—의 서막이었다. 환란換亂과 함께 집권한 김대중 정부는 IMF(국제통화기금)의 요구를 100% 받아들였다. 금융·자본시장 완전 개방, 금융개혁, 재벌개혁, 노동 유연화 등이 그것이었다. 불행히도 재벌개혁은 용두사미에 그친 반면, 노동시장의 변화는 필요 이상으로 과격했다. 이 시기에 도입된 '비정규직'은 오늘날 전체 노동시장의 40%에 달한다.

2008년 한국은 중국의 고도성장, 이에 연동한 대중 수출에 힘입어 미국발 금융위기의 직격탄을 피하는 듯했다. 그러나 세계 헤게모니 국가 미국의 위기는 신자유주의 질서뿐만 아니라 자본주의 자체에 강력한 회의와 반성을 불러왔다. 자본주의의 심장인 월스트리트에서 마르크스의 저작이 유행한다는 풍문이 돌 정도였다. 그러나 신자유주의의 근원적 개편이나 자본주의의 전복에 관한 진지한 논의는 아직이다. 미국의 지위가 흔들렸을 뿐 대안세력(예컨대 좌파 진영)이 헤게모니를 획득한 것은 아니기 때문이다. 오히려 보통 사람들에게 자리 잡은 '일상의 금융화'가 헤게모니의 평화적 이행을 방해하고 있는 실정이다.

일상의 금융화란 "개인들이 투자자로 변신하고 일상생활이 금융시장의 지배를 받는"[15] 상황을 가리킨다. 2000년대 초반 김대중 정부는 소비 촉진을 위해 신용카드업을 활성화했다. 관련 규제가 대폭 완화되자, 카드사들은 길거리에서 신용카드를 남발했다. IMF 외환위기 직후 200만 명이던 신용불량자는 이후 곱절로 뛰며 이른바 '카드 대란'을 불러왔다. 신용카드 대출과 현금서비스의 주 이용자가 중하위 계층이었다는 점에서 이들을 수탈하는 방식으로 자본을 축적한 것이다.

이후로도 계속된 금융·자본 자유화 조치들은 또한 '부동산 열풍'을 낳았다. 급격한 도시화와 함께 성장한 한국의 중산층에게 아파트는 삶의 터전이 아니라 투자 대상, 빚을 내서라도 쥐고 있어야 하는 보편적 금융자산이었다. "부채를 자산으로 삼도록 만드는 금융적 축적 전략에 휘둘린 결과, 채무자 주체"[16]가 되어버린 사람들은 자신의 이해관계를 금융자본의 그것과 동일시하기에 이르렀다.

한국의 계급구조 변동

마르크스주의의 도식에 따르면, 사회적 계급은 크게 생산수단을 소유한 부르주아지(자본가계급), 자신의 노동력을 판매하는 프롤레타리아트(노동계급), 독립적으로 일하는 프티부르주아(중간계급)로 분류할 수 있다. 자본주의가 발전한 20세기 이후 프티 부르주아는 다시 신·구-중간계급(각각 경영관리직·전문기술직 등과 자영농)으로 나뉜다.

한국에서의 계급구조 변동을 연구한 문헌들은 대체로 지난 수십 년간 농민으로 대표되는 구-중간계급이 급격히 감소하고 노동자계급이 크게 증가했음을 지적한다. 정도의 차이는 있지만, 이는 자본주의 발전에 따른 보편적 계급구조 변동에 부합하는 흐름이다. 그보다 주목할 지점은 신-중간계급에 관한 것이다. 노동자라 할지라도 관리직이나 전문기술직에 종사할 경우 신-중간계급으로 분류된다. 노동자계급은 생계를 위해 반드시 노동력을 팔아야 하며, 타인의 감독과 지시에 종속된다. 반면 신-중간계급은 일정한 자율성을 갖고, 다른 노동자들의 통제권 및 결정권을 쥐는 경우가 많다.

노동운동이 퇴조하면서 노동계급은 정규직과 비정규직으로 분할되었고, 구-중간계급이 사라진 자리에는 신-중간계급이 새롭게 등장했다. 마르크스와 엥겔스는 중간계급을 "사회에서의 보수적 요인, 즉 노동 운동의 수정주의자라고"[17] 봤기 때문에 신-중간계급의 증가는 늘 논쟁의 대상이 되어왔다. 자본주의 발전은 비생산적 노동자와 화이트칼라 노동자의 증가를 가져왔다. 생산적 노동이 직접 잉여가치를 생산한다면, 비생산적 노동은 잉여가치 실현에 도움을 주는 노동이다. 판매업·금융업·광고업·서비스업 등이 이에 해당한다.

정치철학자 니코스 폴란차스Nicos Poulantzas는 비생산적 노동자와 화이트칼라 노동자를 모두 중간계급으로 묶은 바 있다. 이에 대해 마르크스주의 사회학자 에릭 올린 라이트Erik Olin Wright는 풀란차스의 분류에 따른다면 노동계급은 전체 경제인구의 20%도 안 된다고 지적했다. 라이트가 풀란차스를 비판한 것이 40년 전이므로 노동계급의 비율은 더 쪼그라들었을 것이다. 두 사람의 시비를 가리려는 게 아니다. 다만 금융 팽창 국면에서 생산적 노동자의 고용이 감소하고, 단순노무직 육체노동자의 임금소득이 큰 폭으로 떨어지고 있으며, 이들과 비생산적 노동자 간 이해관계가 충돌할 때가 많다는 점에서 풀란차스의 관점은 충분히 유의미하다.

한편 철학자 앙드레 고르André Gorz 역시 노동계급을 변혁주체로 보지 않는다. 그에 따르면 마르크스가 바라본 프롤레타리아트는 검증이 불가능한 관념의 산물이다. "자동화에 이어서 정보화로 능숙한 기술을 가진 사람들과 혁명적 시도의 가능성이 사라지고 (⋯) 다음에는 '노동의 과학적 조직화', 끝으로 정보화와 로봇화가 도래"[18] 하면서 노동계급이 소수의 전문가들과 다수의 일반 노동자로 나뉘고, "전일제 직장에 다니는 노동자들과 실업 상태 혹은 부분 고용 상태에 있는 노동자"[19]로 나뉘면서 노동운동은 그나마 남아 있는 일자리를 유지하는 데 급급하게 되었다.

라이트는 계급 이해관계를 직접적 이해관계와 근본적 이해관계로 구분한다. 모든 노동계급은 생산양식 자체를 겨냥하는 근본적 계급 이해관계를 공유하지만, 개개 집단들은 상이하고 충돌하기도 하는 직접적 계급 이해관계를 갖는다. 이를테면 임금투쟁은 직접적이지만 토대의 변혁을 모색하는 것이 아니기 때문에 근본적이지는 않다. 숙련 노동자와 비숙련 노동자, 정규직과 비정규직, 남성과 여성 간에도 직접적 이해관계는 엇갈린다. 라이트가 지적하듯 "직접적 이해관계는 노동계급을 갈라놓을뿐더러 자본주의적 관계의 구조 자체를 직접 문제시하지 않는다".[20]

한국에서는 지난 수십 년간 구-중간계급이 크게 감소하고 노동계급이 증가했다. 문제는 노동계급의 숫자보다는 신-중간계급의 가파른 증가에 있다. 풀란차스의 계급 범주에 따르면 후기산업사회에서 노동계급으로 분류되는 상당수 노동자들은 실은 신-중간계급일 수 있다. 계급정치에서 이들의 위상은 논쟁의 대상이다. 이념적으로 이들은 모순되는 위치에 있으며, 따라서 단일 대오로의 결집이 쉽지 않다. 포스트-마르크스주의는 계급 정체성을 사회적 적대의 기본 단위로 상정하는 것에 반대한다. 오늘날 한국의 계급구조는 이런 입장의 현실적 근거가 된다.

" 포퓰리즘은 후진성의
징후가 아니라,
민주주의에 붙는
그림자다.

마거릿 캐노번,
⟨Trust the People! Populism and
the Two Faces of Democracy⟩,
1981.

,,

1987년 이후 30여 년간 한국의 민주주의는 발전을 거듭해왔다. 하지만 진보는 어렵고 퇴보는 너무나 쉬운 듯 보인다. 1997년 민주화 세력으로의 첫 정권교체 이후 노무현 정부까지 10년 동안 정치적 자유와 시민권리가 각각 국제기준 1등급과 2등급으로 상향되는 민주주의 발전이 이루어졌지만, 다시 보수정권이 들어서면서 정치적 자유가 2등급으로 퇴보한 것이다.[1]

이러한 정치적 퇴보는 최초의 정권교체와 IMF외환위기가 겹친다는 사실에 일정 정도 기인한다. 환란 극복과 경제성장을 명분으로 김대중 정부가 선도하고 노무현 정부가 계승한 노동 유연화, 민영화, 규제완화 등 신자유주의 정책은 불평등과 양극화라는 또 다른 재앙을 불렀다. 민주화 세력 혹은 자유주의 세력은 군사정권보다 더한 반-서민 정권으로 낙인찍혔다. 분노한 서민들은 다음 대선과 총선에서 '무능보다는 부패한 게 낫다'며 이명박과 보수정당에 몰표를 던졌다. 재집권한 보수 세력은 이 분노를 '운동권 엘리트'를 향한 환멸로 비화하며 민주화라는 의제 자체에 대한 막연한 거부감과 경제만능주의를 팽배케 했다.

공공성의 붕괴

이명박 정부가 출범한 2008년의 한국사회로 돌아가보자. 그해 봄 전국을 달군 미국산 쇠고기 수입 반대 촛불집회, 그리고 세계 금융위기까지 겹치며 새 정부의 리더십은 크게 휘청거렸다. '한반도 대운하'를 내세운 반동적 개발주의 정책까지 국민의 동의를 얻지 못하는 상황이 되면서 위기감을 느낀 이명박 정부가 택한 것은 검·경과 국정원, 기무사령부 등 공권력을 동원한 신자유주의 경찰국가*였다.

이듬해 겨울에 벌어진 용산 참사(2009)는 이것을 상징적으로 알리는 사건이며, 국가가 평범한 국민은 물론 경찰의 안전조차도 지켜

---

*   국가가 경찰력을 동원해 사회적 감시와 통제를 강화하고, 이에 대한 저항 역시 공권력을 투입해 제압하는 반동적 체제. 신자유주의가 가진 파시즘적 경향 또는 민중 배제적 경향이 도드라지며, 이 때문에 자유민주주의 체제 내에서 나타나는 가장 반동적인 통치 형태로 거론되기도 한다.

주지 않는 수탈 기구로 전락했음을 보여준다. 혹자들이 말하듯 용산 참사는 '예외 상태'의 발현이며, 용산 철거민들은 이른바 '비-국민'의 상태로 내몰렸다. 그러나 철학자 발터 벤야민이 말했듯 예외 상태란 언제든 일어날 수 있는 일이다. 용산 참사를 목격한 사람들은 언제라도 자신이 비-국민으로 내몰릴 수 있다는 만성 불안을 안고 살아가게 됐다. 이를 다시 일깨운 사건이 세월호 참사(2014)다.

세월호 참사는 대한민국 정부가 최소한의 기능조차 상실했음을 드러낸 사건이다. 요컨대 공공성의 붕괴를 예증한다. 공공성이란 "사회적 위험의 수준과 공동의 대응 방식의 차이를 낳는 중요한 요인이자 사회의 시스템이 어느 방향으로 나아가야 할지를 제시하는 틀"[2]이다. 신자유주의가 공공성을 위협하는 대표적 사례로 공공부문 민영화를 들 수 있다. 세월호 참사 당시 해경은 중국어선의 불법 조업 단속에 예산을 집중한 탓에 수색·구조 업무의 상당 부분을 민간 업체(와 해군)에 맡겨야 했다. 재난 관리가 사실상 민영화된 것이다. 이는 사회에서 불가피하게 발생하는 위험과 안전 대책이 개인의 책임으로 돌려지고, 평범한 일상이 언제든 생사의 문제로 비화될 수 있음을 의미한다.

박근혜 정부가 저지른 가장 큰 해악 중 하나가 공공성의 퇴보를 통치 전략으로 삼았다는 점이다. 정치철학자 김정한에 따르면 이명박-박근혜 정부의 공통적인 통치전략은 '두 국민 프로젝트'다.[3] 이는 경제위기 등으로 정부의 리더십이 국민적 동의를 얻기 힘들어지는, 즉 헤게모니의 조건들이 제한되는 시기에 공동체를 '좋은 국민'과 '나쁜 국민'으로 분리해 지지층을 결집하는 것이다. 특히 박근혜 정부는 야권 지지자들을 완벽히 배제하는 모습을 보였다. 그 극단을 보여준 게 세월호 참사 국면이며, 문화계 블랙리스트 사건은 이런 통치 전략이 치밀하면서도 광범하게 실행되었음을 드러낸다.

국민을 둘로 나누는 것은 포퓰리즘의 전형적 전략이다. 다만 박근혜의 '우리'와 '그들'에는 포퓰리즘이 피아의 분리에 부여하는 도덕적 잣대가 빠져 있었고, 국민 다수의 동의를 얻는 데 실패했다. 지지율 하락에도 아랑곳없는 배제의 통치술은 다수에 대한 적대로 흘렀다. 그 덕분에 2016년 촛불혁명은 어렵지 않게 다수 국민의 동의를 얻을 수 있었다.

의제의 빈곤   ————————

오늘날 세계 어디서든 '정치의 공백'이 목격되고 있다. 그 공백이란 정치철학자 낸시 프레이저Nancy Fraser가 말한 '낡은 것은 가고 새것은 아직 오지 않은' 빈자리다. 한국을 포함한 선진국들의 제도권 정치 역시 빈자리를 채워야 할 '의제의 빈곤'에 시달리고 있고, 대중의 정치 신뢰도와 효능감은 바닥을 긴다.

　의제의 빈곤을 이해하는 데는 2016년 미국 대선, 즉 도널드 트럼프와 힐러리 클린턴의 대결을 살펴보는 게 좋다. 당시 공화당 하원의원이었던 캔디스 밀러가 정리한 두 후보의 메시지 전략은 이랬다. 트럼프는 유세장에서 멕시코인들이 미국인의 일자리를 빼앗고 있다고 말하고 다닌 반면, 클린턴은 어느 성별은 어느 화장실을 이용해야 한다는 따위의, 노동계급 유권자들에게는 전혀 와닿지 않는 이야기만 하고 다녔다. 트럼프가 옳다는 게 아니다. 그러나 그는 적어도 유권자들이 대통령후보에게 듣고픈 말이 무엇인지 이해하고 있었다. 그에 반해 클린턴은 벌써 당선이라도 된 양, 새로운 메시지를 벼리기보다 자신을 지지하지 않는 유권자를 비난하는 식으로 선거에 임했다.

　클린턴은 정체성 정치 때문에 패하고 트럼프는 정체성 정치 덕분에 이긴 것일까? 동의 여부와 별개로 정체성 정치가 2016년 미국 대선의 당락에 커다란 영향을 미쳤다는 진단에는 모든 정파가 동의했다. 흥미로운 점은 선거 패인을 정체성 정치로 분석한 리버럴(민주당) 진영이 여전히 정체성 정치의 틀로 사고한다는 점이다. 그들은 클린턴이 페미니즘에 대한 '백래시Backlash'(진보·변혁에 대한 대중의 반발) 및 백인들의 '화이트래시' 때문에 졌다고 본다. 클린턴 자신도 마찬가지다. 그러나 리버럴 진영 내부에서 그들의 '정체성 집착'을 비판해온 정치학자 마크 릴라Mark Lilla가 지적하듯, 이는 게으른 진단이다. 트럼프 지지층에서 흑인·라틴계·여성의 비중은 결코 작지 않았다. 그런 현실에서 백인 남성을 제외한 트럼프 지지자 집단을 '명예 백인' '명예 남성'이라고 폄훼하는 것은 자충수다. 하지만 클린턴과 리버럴 진영, 이들을 지지하는 미디어는 패인을 클린턴의 성별에서 찾았고, 트럼프에게 투표한 사람들을 여성혐오자, 인종주의자라고 비난했다. 이러한 '보트 셰이밍vote shaming' 전략은 조 바이든의 2020년 대선에서도 크게 달라지지 않았다.

미국 리버럴 진영이 정체성 정치를 끌어안고 놓지 못하는 이유는 무엇일까? 트럼프의 등장 직전까지 미국을 지배한 헤게모니가 이른바 '진보적 신자유주의'였다는 점을 들 수 있겠다. 1992년 빌 클린턴은 "바보야, 문제는 경제야!It's the economy, stupid!"라는 슬로건으로 경제성장 의제를 선점하며 백악관에 입성했다. 그러나 민주당 대통령 클린턴의 경제정책은 더할 나위 없이 신자유주의적이었다. 클린턴 정부는 은행업과 증권업을 분리한 글래스-스티갈 법을 폐지함으로써 금융자본의 족쇄를 풀어주었다. 모든 무역규제를 허무는 것을 목적으로 한 북미자유무역협정NAFTA, 세계무역기구WTO의 출범도 클린턴의 집권기에 벌어진 일이다. 민주당 내 '진보 후보'라는 평가를 들었던 클린턴조차 월가Wall-street에 포섭된 것은 금융-은행가들의 후원 여부가 대통령선거의 당락을 가를 정도에 이르렀기 때문이다.[4] 이후로 민주당과 리버럴 세력은 적어도 경제정책에서는 보수 세력과 구별되는 진보주의적 의제와 비전을 제시하지 못했고, 다음 8년간 조지 W. 부시와 공화당에 정권을 넘겨주게 된다.

정체성 정치라는 기만

2008년 신성처럼 등장한 버락 오바마는 변화와 개혁적 이미지를 능숙하게 구축함으로써 정권 탈환에 성공한다. 그러나 세계 금융위기의 한복판에서 집권한 그는 '살찐 고양이'라는 표현을 해가며 월가를 강도 높게 비판했지만 정작 약속한 금융개혁은 기대에 못 미쳤고, 이에 대한 미국 시민들의 불만은 월가점령시위(2011)로 폭발한다.

2016년 민주당 대선 후보로 나온—클린턴 정부의 퍼스트레이디이자 오바마 정부의 국무장관을 지낸—힐러리 클린턴 또한 진보적 신자유주의 이상의 비전을 제시하지 못했다. 그가 트럼프와 맞붙으며 내건 메시지는 '최초의 여성 대통령'이라는 정체성뿐이었다. 힐러리식 정체성 정치는 트럼프의 반-난민, 반-이주민주의에 맞서 난민에 온정적이고 우호적인 공약을 내세웠고, 흑인·라틴계 등 유색인종만을 선택해 호명했다.

그러나 오바마 정부의 간접적 유산이라 할 IS(이라크-레반트 이슬람 국가)의 준동과 난민 사태로 중동 무슬림에 대한 미국인들의 적개심은 날로 치솟고 있었다. 힐러리 클린턴과 민주당의 온정주의는 (백인은 물론 유색인종까지 포함한) 대다수 노동계급에게 아무런 매력이 없었다. 크고 작은 테러가 벌어질 때마다 리버럴 세력은 무슬림에 대한 공포와 거부감을 다독이기보다는 '편견을 버리라'는 메시지로 일관할 뿐이었다.

철학자 슬라보예 지젝Slavoj Žižek은 '국경을 열고 난민을 적극 수용해야 한다'는 리버럴의 주장과 '그들의 문제는 그들 스스로 해결해야 하고 우리는 우리의 삶의 방식을 보호해야 한다'는 보수 세력의 입장을 모두 겨냥하며 "둘 다 더욱 나쁘다"라고 지적했다. 그러면서도 힐러리 클린턴의 위선적 온정주의보다는 트럼프의 극우 포퓰리즘이 차라리 "덜 위험하다"고 평가했다.[5] 동의 여부와 별개로, 지젝의 견해는 기득권 리버럴 세력이 정체성 정치를 '활용'하는 데 어떤 기만이 숨어 있음을 꼬집고 있다.

민주화 헤게모니와 ——————
적폐청산 헤게모니

현재 세계적으로 일고 있는 극우 포퓰리즘과 반동의 물결은 자유주의(리버럴) 세력의 정체성 정치 집착과 무관하지 않다. 한국의 자유주의 정치 역시 미국과 비슷한 경로를 겪는 것으로 보인다. 다만 정체성 정치 측면에서 보자면, 한국에서 흔히 '개혁적 자유주의'로 불리는 문재인 정부와 민주당은 미국의 리버럴 진영과는 다소 거리가 있다. 이 문제에서 미국 리버럴 세력과 겹치는 자유주의자들은 민주당보다는 오히려 정의당·노동당 등의 진보정당 지지층에 주로 분포한다. 따라서 여기서는 혼란을 피하기 위해 민주당 계열 정당으로 대표되는 한국의 개혁적 자유주의 진영을 '민주화 세력'이라고 표현하겠다.

한국의 민주화 세력은 미국의 리버럴과 달리 정체성 정치에 집넘하지 않는다. 소수자 권리에 대한 한국인들의 공감대가 아직 크지 않고, 민주당과 문재인 정부의 지도부 역시 이 문제에 큰 관심을 두지 않는 사람들로 구성되어 있다. 지난 반세기 남짓, 민주당 계열 정당을 국민의힘으로 대표되는 냉전보수 세력과 차별화하는 가치는 민주화였다. 언론학자 강준만이 지적하듯, 대통령 직선제를 쟁취하기 전까지 민주주의와 민주화는 종교와 다르지 않았다.[6] 민주화가 다른 모든 가치들을 압도했다. 하지만 대통령 직선제(1987)와 최초의 수평적 정권교체(1997) 이후 포스트-민주화 시기로 접어들며 민주화 의제는 경제에 그 자리를 넘겨주게 된다. 공교롭게도 IMF 외환위기와 동시에 정권을 넘겨받은 민주화 세력이 선택한 신자유주의 노선은 사회 양극화로 돌아왔다. 그 결과 외환위기 극복과 별개로 민주화 세력에게 반서민, 경제에 무능한 세력이라는 편견이 덧씌워졌다. 더 큰 비극은 무능하다는 인상비평이 민주화라는 가치와 결부돼버렸다는 데 있다.

포스트-민주화 시대에도 민주화 세력의 제1가치는 여전히 민주화다. 물론 문재인 정부 이후 민주당의 정책과 의제가 과거보다 좌클릭했다는 평가는 내릴 수 있다. 그러나 여전히 온건 보수에서 온건 좌파를 포괄하는 빅텐트 정당을 선명한 진보라고 규정하기는 어렵다. 이따금 등장하는 급진적 정책과 메시지 역시 당론보다는 소속 정치인의 개인기에 기댄 경우가 대부분이다.

민주화 세력이 불구대천으로 여기는 이명박 정부의 신자유주의 정책은 사실 김대중·노무현 정부의 노선에 가속도를 붙인 것이다. 따라서 이명박 정부에 대한 제대로 된 비판은 민주화 세력의 자기반성을 요구하기 마련이니, 비판의 목소리만 클뿐 새로운 의제를 제시하며 근본적인 전환을 꾀하지 못한다. 결국 '민주 대 반민주' 전선은 선악 구도로 둔갑해 상대 정당 지지를 윤리적으로 비난하는 '보트 셰이밍'만이 유일한 전략이 된다. 이것이 한국식 '진보적 신자유주의'의 실체로, 강준만은 이를 가리켜 '싸가지 없는 진보'라고 일갈한 바 있다. 냉전보수 세력보다 나은 면모도, 확실한 비전도 없이 자신들이 선이라며 민주주의를 볼모로 자행하는 '인질 정치'에 대다수 중도-

부동층이 환멸을 느끼지 않을 도리는 없다.

그렇다면 선악 구도로 전개된 2016년 촛불시위에서 박근혜 퇴진과 정권심판, 그리고 '적폐청산'이라는 의제가 헤게모니를 가진 것은 어떻게 이해해야 할까? 이는 민주화 세력의 전략이 먹혔다기보다 집권 이후, 특히 세월호 참사 이후 누적되어온 박근혜 정권에 대한 불만이 촛불을 통해 결집된 것으로 봐야 한다. 집권 이후 문재인 정권이 민주화 이상의 비전을 보이지 못하자 적폐청산 헤게모니는 청년층에서부터 흔들리기 시작해 이제는 흔적을 찾아보기 힘들 만큼 와해되었다.

리버럴의 오만과 위선

한국의 문화정치에서 정치적 올바름PC과 정체성 정치가 진보적 신자유주의의 빈곤한 의제를 포장하는 데 적극적으로 쓰이지는 않고 있다. 반면 미국·유럽에서는 지난 수십 년간 시민사회에서 성장해온 여성운동, 성소수자운동, 인종운동, 환경운동 등 이른바 신사회운동이 능력주의와 결합되어 주류 리버럴 블록에 포섭되었다.

그 결과 '평등'은 '능력'의 이음동의어가 되었고, 낸시 프레이저가 지적하듯이 "진보적 신자유주의 프로그램은 사회의 위계를 철폐하려고 하기보다 '재능 있는' 여성과 유색인, 성소수자들이 최고의 자리에 오를 수 있도록 '그들의 역량을 강화해서' 사회의 위계를 '다양화'"[7]하는 방향으로 전개됐다. 즉 정체성 정치, PC 등의 자유주의 의제와 운동은 사회구조에 손대지 않으면서 진보 연할 수 있는, 엘리트 계층의 지적 유희이자 '선행의 과시virtue signaling'의 수단으로 전락했다. 그리고 대기업들은 이것을 '깨어 있는 자본주의woke capitalism'의 기치인 양 휘두른다. 조 바이든이 트럼프에 승리를 거두었지만 이러한 행태는 바뀌지 않고 있다. 앞으로도 주류 리버럴과 엘리트 세력은 이런 식으로 신사회운동의 유산을 전유하고 그들의 구미에 맞게 활용할 것이다.

리버럴의 이런 행태는 자가당착과 위선을 불렀다. 이를 열거하는 것만으로 책 한 권은 더 쓸 분량이 나올 정도다. 2016년 대선에서는 리버럴 세력은 트럼프 지지자들을 아예 '개탄스러운 인간들deplorables'*이라며 폄훼했고, 힐러리 클린턴을 비난하는 사람들을 여성혐오자로 몰아갔다.

---

*　힐러리 클린턴은 대선 직전, 후원자들 앞에서 "You could put half of Trump supporters into what I call the basket of deplorables"라고 했는데, '쓰레기통에 처넣어야 할 사람들'이라고 의역해도 무방한 수준의 강한 비방이라 할 수 있다. 'deplorables'라는 말은 대선 패배 이후 오랫동안 리버럴 진영에서 트럼프 지지자들을 가리키는 멸칭으로 쓰였다.

BLM, 표현의 자유, 미투운동 등 정체성 정치의 주요 의제들로 갈등하는 미국 사회. 특히 민주당은 정체성 정치를 빈곤한 정치 비전을 감추는 용도로 남용함으로써 위선적이라는 조롱과 함께 극우가 득세하는 계기를 마련했다는 비판에 휩싸였다. © The Guardian

2020년 대선에서는 같은 풍경이 민주당 경선에서부터 반복되었다. 리버럴-엘리트 집단이 선호하지 않는 후보(버니 샌더스Bernie Sanders, 앤드루 양Andrew Yang, 털시 개버드Tulsi Gabbard)의 지지자들은 하루아침에 반-유대주의자가 되었다. 아시아계 흑인 여성인 카멀라 해리스Kamala Harris를 비판하면 여성혐오와 인종주의자 딱지가, 성소수자인 피트 부티지지Pete Buttigieg를 비판하면 호모포비아 딱지가 붙었다. 특히 부티지지는 자신의 성적 지향과 최연소 후보라는 정체성을 내세우며 진보적 정치인으로 행세했지만, 경선 후보 가운데 가장 많은 23인의 억만장자들에게 후원을 받았다는 사실이 공개되었다. 문제는 부티지지의 이런 위선적 면모에 대한 비판마저 주류 언론은 성소수자 혐오로 치부했다는 것이다.

정치 바깥 영역에서도 상황은 비슷하다. 엔터테인먼트 산업에서는 소수자 재현 문제가 수년째 화두가 되고 있다. 이에 따라 영화·게임·드라마·애니메이션 등에서 반드시 한 명 이상의 유색인종, 성소수자, 장애인 캐릭터가 출연해야 한다는 암묵적 설정이 만들어졌다. 그러나 정치적 올바름에 따라 등장하는 유색인·소수자 캐릭터들은 대개 메인 플롯과는 무관한, 정형화된 조·단역에 머무르며 또다른 논란을 부르곤 한다. 이런 구색용 흑인 캐릭터를 흔히 '토큰 블랙 token black'이라고 불러왔는데, 최근에는 토큰 아시안과 토큰 게이가 추가되었다.

넷플릭스 드라마 〈위쳐〉(2019-)에서 몇몇 캐릭터의 재현을 두고 번진 논란도 비슷한 문제를 안고 있다. 안제이 삽코프스키Andrzej Sapkowski의 소설을 원작으로 한 〈위쳐〉는 비디오게임으로도 제작되어 한국에서도 두꺼운 팬층을 확보한 프랜차이즈 작품이다. 등장인물 대다수가 백인으로 묘사된 비디오게임부터 접한 (남성)게이머들의 히스테릭한 반응은 논외로 치더라도, 동유럽 신화를 토대로 한

소설의 인물들을 다양한 인종으로 재현하는 것이 원작 훼손이라는 비판은 곰곰이 생각해볼 문제였다. 그러나 소수자 재현의 잣대와 범위에 관한 치열한 논쟁으로 이어질 수 있었던 이런 문제의식을, 주류 미디어와 비평가 집단은 백래시로 일축했다.

세계적 게임기업 블리자드 엔터테인먼트의 〈오버워치〉는 소수자 재현의 한 모범을 보여준 작품으로 평가받는다. 이 게임 역시 유색인종의 정형화라는 비판에서 완전히 자유롭지는 못했지만 말이다. 아무튼 〈오버워치〉로 리버럴하고 올바른 기업 이미지를 구축한 블리자드는 2019년 이중적 행태로 구설에 오른다. 블리자드의 또 다른 히트작 〈하스스톤〉의 국제대회에 출전한 홍콩 출신 프로게이머가 인터뷰에서 홍콩 민주화운동의 상징적 구호인 "광복홍콩 시대혁명"을 외쳤는데, 블리자드는 이 선수의 상금을 회수하고 자격정지 처분을 내린 것은 물론 인터뷰를 진행한 캐스터까지 해고해버렸다. '리버럴하고 정치적으로 올바른' 이미지를 내건 기업이 중국 시장의 눈치를 보며 자기 정체성을 저버린 것이다.

중국을 제외한 전 세계 게이머들은 일제히 블리자드의 위선을 비판했다. 홍콩 시위에 무관심하던 사람들까지 비난 대열에 가세했다. 설상가상으로 2021년에는 사내 성차별 및 조직적 방조·보복 사건이 밝혀지면서 블리자드의 이미지는 바닥을 쳤다. 게이머-네티즌들은 블리자드가 정치적 올바름을 강조해왔다는 점을 꼬집으며 '깨어 있음' 이면의 위선을 조롱했다.

각인되는
진보＝위선

블리자드처럼 정치적 올바름을 자기들 유리한 쪽으로만 휘두르는 '깨어 있는 자본주의'의 추한 이면이 끊임없이 드러나면서 자유주의적 가치 자체가 폄하되고 있다. 물론 한국에서는 아직 이러한 '깨어 있는 자본주의'와 자유주의적 가치가 주류는 아니다. 미국과 유럽에서는 (흔들림은 있지만) 진보적 신자유주의가 헤게모니를 가진 데 견줘 한국은 여전히 반동적 신자유주의(냉전보수 세력)와 진보적 신자유주의(민주화·진보 세력)가 경합을 벌이고 있기 때문이다.

한국의 청년들이 PC와 정체성 정치에 강한 반감을 갖게 된 것은 서구 선진국에서 벌어지는 리버럴의 위선과 자가당착이 미디어를 통해 끊임없이 소개되기 때문이다. 주요 창구 중 하나는 도를 넘는 '관종' 행각을 벌이고 있는 '사이버 렉카'다. 사이버 렉카는 위선적 사례를 수집하고 자극적으로 편집함으로써 사회적 추문을 엔터테인먼트화한다. 이들의 목적은 불미스러운 사건을 알리는 게 아니라 그 사람이 과거에 내놓은 자유주의적 메시지와 그에 어긋나는 행실을 가져다 놓고 '내로남불'이라며 조롱하는 것이다. 사이버 렉카 콘텐츠의 소비자들은 PC와 정체성 정치 등 자유주의적 의제와 메시지에 막연한 반감을 가지며, 점차 '진보=위선'이라는 공식을 머릿속에 각인하게 된다.

정리하자면 서구 선진국의 기득권 엘리트와 리버럴 세력은 진보적 신자유주의의 일환으로 PC와 정체성 정치, 페미니즘 등 자유주의적 가치를 아전인수 격으로 활용한다. 기업은 기업대로 이를 '깨어 있는 자본주의'를 과시하기 위한 수단으로서만 휘두르며 희화화한다. 자연스럽게, 자유주의적 가치에 대한 환멸이 뿌려진다. 극우반동적 가치는 이 환멸을 먹고 자란다.

한국의 상황은 조금 다르다. 민주화(진보적 신자유주의) 세력은 냉전보수 세력에 맞서기 위해 민주화의 가치를 앞세워왔다. 하지만 이미 수차례의 평화적 정권교체를 목격한 청년층에게 민주화는 지고지선이 아니다. 그렇게 세상이 변했는데도 민주화 세력은 '바보야, 문제는 민주주의야!'만 되풀이하며 인질 정치를 계속한다. 한편 커뮤니케이션 수단의 비약적 발전은 서구 리버럴이 저지르는 위선적 행태, 그에 따른 자유주의적 가치들의 폄훼를 한국에 실시간으로 공유한다. 한국에서 이제 막 태동하고 있는 자유주의적 의제들에는 막연한 반감과 섣부른 편견이 들러붙는다. 이러한 경향은 소셜미디어의 주 소비자인 20대 청년층을 핵심으로 확대재생산된다. 민주화 혹은 자유주의 세력은 각자의 이유로 이들을 비난하고 훈계하는 것으로 대응한다. 그러나 이런 식의 계몽은 답이 아니다. 오히려 극우적 카운터 헤게모니를 다른 세대에까지 전염시키는 부작용을 야기할 뿐이다.

❝ 경제적 불안만으로
투표하는 극우 유권자는
거의 없지만 문화적
반발로 인해 투표하는
유권자는 적지 않다.

카스 무데,
《혐오와 차별은 어떻게 정치가
되는가》, 2021.

"

한국 포퓰리즘의 부상을 통찰하는 글에서 사회학자 서영표는 다음과 같이 말한다. "신자유주의와 대의민주주의의 한계에 의해 드러난 전문가들의 타락은 근대적 지식 패러다임의 한계까지 우리를 이끈다. 복잡하고 주름투성이의 세계를 매끈한 평면으로 만들고 거기서 두 점을 찾아 그 사이에 직선을 그어 연결할 수 있을 때에만 과학으로 인정하는 근대적 과학관이 붕괴하고 있다는 것이다."[1] 포퓰리즘의 증상 중 하나인 전문가에 대한 불신에 관한 이야기다. 흥미롭게도 사람들은 여전히 전문가를 신뢰한다. 예컨대 현 정부를 비판할 때 빠지지 않는 것이 '전문가의 말을 듣지 않는다'라는 말이다. 정확히 말하면, 이때의 신뢰란 '자신이 듣고 싶어 하는 말을 해주는 전문가'에 대한 허상의 신뢰에 가까울 것이다. 서영표가 말한 '근대적 지식 패러다임'과 '근대적 과학관'은 이론적으로 포퓰리즘이 부상하는 원인의 일부가 분명하지만 현실에 직접 적용하기에는 다소 무리가 있다.

20대의 목소리 듣기

서영표의 진단은, 그보다는 학계와 미디어가 '20대 현상'을 청년들의 우경화나 혐오 문화로만 단정한 채 후속 논의가 답보하고 있는 현실에 대한 통찰에 가깝다. 이는 그간의 선행 연구들과 비평보도가 연령별 국정·정당 지지율, 페미니즘 등에 관련한 설문조사, 인터넷 여론 등의 다양한 언표들을 기존의 인식과 내부 모델에만 입각해 손쉽게 해석해왔기 때문이다. 주목할 것은 청년들의 극우적 선동과 혐오 언행만이 아니다. "극우적 선동에 휘둘리고 있는 사람들의 마음을 읽어야 한다."[2] 서영표가 표현한 "떨림들과 몸짓들"은 말과 글만으로는 드러나지 않는 포퓰리즘적 분노와 원한을 일컫는다.

따라서 선행 문헌의 검토와 현상의 이론적 분석에 더해 '20대 현상'의 주인공들의 이야기를 직접 들어보는 것이 필요하다. 여기서부터는 나 자신이 만 30세를 목전에 둔 사람으로서 친구들과 주변의 또래들, 20대 지인과 그 지인의 지인들에게서(이들을 '연구참여자'로 지칭하겠다) 청취한 의견과 주장을 근거로 '지금 여기 20대 포퓰리즘'의 양태들을 제시하고자 한다. 덧붙여 30세 이하 청년들이 웹에서 게시·소비하는 다양한 언표들(유튜브 콘텐츠, 댓글, 밈 등)로 다소 부족한 표본을 보완할 것이다.

　물론 인터넷 여론이 20대 전부를 반영하고 대변하는 것은 아니다. '이대남'을 이해한답시고 남초 커뮤니티의 여론에 얽매여서는 안 된다고도 한다.[3] 귀담아들어야 할 지적이지만, 이를 곧장 남초 혹은 몇몇 극단적인 커뮤니티발 콘텐츠가 검토할 가치가 없다는 뜻으로 이해하는 건 곤란하다. 이들 커뮤니티의 이용자는 전체 청년들의 일부이고, 그곳에서 한 번이라도 게시물이나 댓글을 작성하는 적극적 이용자는 일부의 일부에 불과하다. 하지만 그러한 커뮤니티와 무관하더라도, 인터넷을 활발히 이용하고 소셜미디어로 항상 타인들과 연결되어 있는 한, 그곳들에서 생성되는 콘텐츠·은어·밈 등을 접할 수밖에 없다. 가랑비에 옷이 젖듯, 인터넷에서 순환·재생산되는 온갖 혐오 콘텐츠와 극우적 메시지를 감춘 채 유머로 둔갑한 밈에 지속적으로 노출될수록 그것들을 자신의 생각, 신념, 감정으로 착각하기 쉽다. 그러므로 인터넷 등지에 유행하며 떠도는 여러 언표들을 검토하는 것도 20대의 육성을 직접 듣는 것만큼이나 중요하다.

　성비를 엇비슷하게 맞춘 여러 사람과 이야기를 주고받았다. 친목 모임에서 자연스럽게 나온 발언도 있고, 인터뷰의 구색을 갖춘 문답도 있다. 단체채팅방(단톡방)에서 나온 발언도 인용할 것이다. 이 셋을 구분해 서술하는 것은 무의미하다고 판단된다. 연구참여자들과의 대화 주제는 한국의 제도권 정치, 문재인 정부의 정책들, 성평등 문제, 공정성, 난민과 이주노동자 문제, 정치적 올바름과 정체성 정치, 소수자 재현 등이었다. 대체로 문화적·정치적 자유주의에 다리를 걸친 주제들이다. 본격적인 토론이나 형식적 면담은 아니다. 수년간 알고 지낸 지인, 혹은 지인의 지인끼리 편한 분위기에서 자유롭게 오간 대화라고 보면 되겠다. 자연스럽게 튀어나온 비속어나 혐오표현들도 되도록 그대로 옮길 것이다.

소셜미디어로
정치를 알다

제도권 정치를 비롯한 정치 일반에 관심을 갖고 있는지 물었을 때, 돌아온 대답은 예상을 벗어나지 않았다. 대부분은 매우 낮은 정도의 관심을 표했다. 먹고살기 바쁘다거나 취업 준비, 자기 인생과 별 연관이 없으리라는 점을 무관심의 이유로 꼽았다. 일부는 거대 양당(더불어민주당과 국민의힘) 외에 다른 정당의 존재를 모른다고 답했다. 몇몇은 정치가 자신의 삶에 영향을 미친다고 생각하면서도, 본인의 노력이 그 영향에 우선한다고 말했다. 연구참여자들은 주로 포털 사이트 메인에 올라오는 신문 기사의 헤드라인을 읽는 것으로 제도권 정치에 대한 인상을 축적한다. 눈에 띄는 헤드라인은 클릭하지만 기사를 정독하기보다는 추천순으로 노출되는 댓글을 훑는 것으로 기사의 내용을 짐작한다. 자신의 의견과 감상 역시 댓글에 근거해 추론한다. 굳이 시간을 들여 독해하고 숙고하지 않는다.

2003년 홍세화의 칼럼 이후 2012년 18대 대선 국면까지는, 20대의 정치 무관심과 투표율 저조 현상을 소비사회의 소비문화, '먹고 마시고 놀자'판의 대학 분위기 탓으로 보는 진단이 대세였다. 대학이 취업훈련장으로 변모하면서 청년들의 정치적 각성이 유예되었고, 선거일에 투표장 대신 놀 거리를 찾아 나선다는 것이다.

그 이후로는 다른 분석이 등장한다. 20대의 정치 무관심은 어디에, 누구에게 투표를 해야 좋을지 알아보는 일이 취업을 위한 스펙 쌓기와 무관한 탓이며, 학업·취업 등 당면 과제와 무관한 일에 여력을 쓰지 않도록 훈육된 탓이라는 주장이 상식으로 통용된다. 따라서 정치 바깥의 시사 문제에서도 면접시험 등 구직에 대비한 상식 훈련 이상의 독서나 신문 구독, 뉴스 시청 등은 사치와 다름없다.

나는 뉴스에 나오는 이미지랑 페이스북에 뜨는 기사에서 정치 관련 정보를 얻어. 페이스북에서 팔로follow하는 언론은《인사이트》인데, 기사들은 병신 같은 게 많고 팩트에 근거한 건지도 확실하지 않지만 그래도 당장 핫한 이슈가 뭔지는 알 수 있잖아. 이런 기사 거리가 있구나, 정도는 알 수 있지.

페이스북과 같은 소셜미디어를 정치·시사의 소식 창구로 이용하는 경향은 대다수 연구참여자가 마찬가지다. 뒤에서 따로 살펴볼 유튜브를 제외하면, 30대 이하 청년층이 가장 즐겨 쓰는 소셜미디어는 이미지 기반 플랫폼인 인스타그램이다. 인스타그램에 적합한 뉴스 콘텐츠는 카드뉴스다. "밑으로 내려 보는 '스크롤' 대신 옆으로 넘기며 보는 '스와이프'에 더 익숙해짐에 따라 (…) 직관적인 인포그래픽과 이미지로 이중 요약된 카드뉴스에 대한 선호가 늘고 있다."[4] 인스타그램에서 유통되는 카드뉴스는 대개 자극적 제목으로 클릭을 유도하고 이슈를 간단히 소개한 뒤 추천수 높은 댓글을 제시하는 것으로 논평을 대신한다. 카드뉴스는 센세이셔널리즘sensationalism에 머물며, 새로운 정보값은 아주 낮은 편이다. 세상의 무수한 정보들을 흥미 위주로 걸러낸 다음 이용자가 짧은 시간에 소화하기 좋게 편집한 콘텐츠를 '디지털 큐레이션'이라고 한다. 연구참여자가 언급한 《인사이트》는 디지털 큐레이션을 저널리즘으로 포장한 사이트다. 여기에 게재되는 기사들은 내용보다는 형식이 중요하며, 헤드라인과 사진 이미지, 이용자 댓글에서 성패가 갈린다.

아무도 지지하지 않는다

연구참여자들에게서 유추할 수 있는 또 한 가지 사실은 청년들이 대체로 정치 유튜브, 정치 팟캐스트와는 거리를 둔다는 것이다. 좌우 성향이나 진영을 막론하고, 처음부터 당파성이 뚜렷한 콘텐츠에는 거부감을 드러낸다. 상대적으로 '사이버 렉카'에는 거부감이 덜하다. 왜 그럴까? "세간의 이목을 끌 만한 사건이 일어나자마자 이를 방송 아이템으로 써먹으면서 클릭을 유도하는 (…) 사이버 렉카의 콘텐츠는 단지 먼저 보도된 뉴스·기사를 짜깁기해(저작권 때문에 스틸컷인 경우가 대부분이다) 적당한 내레이션이나 자막을 덧입힌 것이 전부다."[5] 즉 사이버 렉카는 카드뉴스를 영상화한 것에 불과하다. 정치 말고도 엔터테인먼트, 스포츠, 범죄 등 분야를 가리지 않는다. 도로의 무법자라는 이미지가 박힌 사설 견인차에서 따온 멸칭이지만, 유튜브를 비롯한 인터넷 등지에 워낙 다양한 형태로 산재해 있기에 자신이 보는 것이 사이버 렉카 콘텐츠임을 의식하지 못하는 경우가 많다. 화제가 될 만한 모든 이슈를 건드리는 탓에 정치적·정파적이라는 느낌을 주지 않는 것도 있다.

연구참여자들은 기본적으로 '내 코가 석 자'라는 마음가짐이다. 개인이 일상과 삶의 각 단계에서 마주하는 문제들은 정치와 무관하다고 본다. '내가 하기 나름'이라는 것이다. 내 살림살이의 귀추가 공동체의 정치·경제적 상황이 아닌 자신의 능력과 선택, 운에 달렸다고 본다. 일부는 일찌감치 주식에 투자하는 등 금융권을 주시하고 있다. 암호화폐에 투자한 사람도 있지만 언론에서 떠들썩하게 보도하는 정부의 암호화폐 거래 규제에 특별한 반발은 보이지 않는다. 주식투자는 보통 300만 원 안쪽에서 시작하는데, 장기 투자가 아닌 '단타' 위주로 운용한다. 이들의 정치적 관심은 주가를 요동치게 만드는 요인들에 한정된다. 이른바 정치인 테마주에 돈을 넣었다 뺀 사람도 있다. 이런 사실들은 청년들에게 주식투자가 스포츠 도박의 일종인 '토토'와 다름없으며, 정치에 조금이나마 관심을 두는 사람조차 실은 그 도박의 승패와 관련해서만 정치를 '관전'하고 있음을 보여준다.

실격당한 자들에게는 응분의 대가를

오늘날 20대의 정치 무관심은 10여 년 전과는 다른 양태를 보인다. 이른바 '적극적 무관심'인데, 바꿔 말하면 정치에 대한 강한 환멸과 불신이다. 과거 20대의 정치 무관심이 시큰둥하고 별생각 없는, 말 그대로의 무관심이었다면 현재의 그것은 한층 공격적인 정치혐오에 가깝다. 정치에 대해 아는 게 많지 않아도 제도권 정치(인)에 대한 적개심을 드러내는 걸 주저하지 않는다. 또한 자신들의 태도가 합리적이며 정당하다고 생각한다.

연구참여자 중 한 사람은 대학교 신입생 시절 이후로 정치에 관심을 잃었다고 밝혔다. 이제는 자신에게 도움이 될 경제 정책과 공약을 제시하느냐에만 관심을 둔다고 말했다. 이 말은 단순히 정치 문제와 개인의 경제적 이해를 분리하게 되었다는 뜻이 아니다. 공동체의 의사결정체로서 정치에 대한 환멸의 적극적 표현으로 보는 게 옳다. 이는 다음의 발언에서도 확인된다.

어릴 때는 남들과 다 함께 잘 살았으면 좋겠다는 마음으로 정치에 관심을 가졌는데, 지금은 나한테만 집중하는 상황인 것 같아. 내가 건물주면 양도세 내려주는 대통령이 좋은 거니까. 요새는 그런 문제에만 관심을 두고 있어.

'함께 잘사는 문제'를 논의하고 해결하는 과정으로서 정치라는 관념에 대한 회의는 공공성의 붕괴와 각자도생의 문제로 이어진다.

한 연구참가자는 정치 관련 소식을 접하는 창구로 어릴 적부터 즐겨 방문하던 여러 웹사이트와 커뮤니티를 언급했다. 그는 이른바 '정치병자들'에 대한 피로감을 호소했다. 정치병자란 커뮤니티의 성격과 대화 주제는 아랑곳없이 정치 화두를 던지거나 이야기를 정치

논쟁으로 몰아가며 분란을 일으키는 사람을 말한다. 비슷한 유형으로 트롤troll이 있다. 웹상에서 정치 트롤들의 분탕질trolling만큼 골치 아픈 것도 없다. 정치와 무관하며 평화롭기 그지없는, 게임·영화 따위의 취미를 공유하는 커뮤니티가 단 한 명의 트롤링에 휘말려 이념과 정파의 격투장으로 돌변한다. 비디오게임 이야기를 하던 이들이 정치적 올바름의 심판자로 나서고, 영화평을 주고받던 이들이 정체성 정치나 페미니즘을 놓고 각축을 벌인다. 이런 커뮤니티 내전은 십중팔구 '페미니즘에 영합하고 역차별을 조장하는 정부와 민주당' 비난으로 이어진다.

　　정치에 관심이 아예 없는 건 아닌데 정치인들이 다 거기서 거기인 거 같으니까 그냥 보고 바로 잊어버리는 거 같아. 별 의미가 없는 것 같고, 갈수록 더 그렇게 느끼고 있어. 조국 같은 사람이 살인을 저지른 게 아닌 이상 바뀌는 건 없잖아. 무조건 까거나 무조건 빨지. 여기에 무슨 의미가 있어.

　　연구참여자들 모두 '정치인은 모두 거기서 거기'라는 말로 정치 일반에 대한 회의를 드러냈다. 정치 무관심이 혐오를 넘어 저주로까지 이어지는 현상은 비단 20대만의 문제도, 유례없는 일도 아니다. 그런 점을 감안해도 근 몇 년간 특히 30대 이하 유권자들이 제도권 정치에 쏟아내는 환멸은 유난히 뾰족하다. 한국갤럽의 조사에 따르면 무당층이 가장 많은 세대는 20대로 45%에 달한다. 그다음은 30대이며 31%가 무당층이라고 답했다.[6] 한국의 양당 구도에 대한 90년대생의 압도적 불만을 보여준다. 나는 더 구체적인 생각을 알기 위해 연구참여자들에게 한국 정치와 국가기관을 얼마나 신뢰하는지 물었다.

잘 아는 건 아니지만 국회의원들이 철학이 없이 너무 표만 생각하고 이익만 생각하는 것 같아. 사법부는 너무 입법부에 흔들리는 것처럼 보이고.

국회의원들은 국민을 위해 일해야 하는데, 그저 군림하려고만 하는 것 같다는 생각이 들어. 지들끼리 기득권 놓지 않으려고 싸우기만 하고. 그런 것밖에 안 보여. 모두 하나 되어 합심할 때는 본인들 월급 올릴 때나 그렇지. 내가 그런 것만 보는 건지는 모르겠지만, 그렇게만 보여. '아몰랑, 비리가 많아'라는 말이 유행했잖아. 재평가가 필요한 말이지.

정치인이 당을 떠나서 그 사람이 그 사람인 것 같아. 별로 신뢰가 없어. 당선 여부랑 집권에만 혈안이 된 것 같아서.

일단 내가 본 것만 기억나는 것만 하더라도 지금 야당(국민의힘)은 박근혜 때 똥 싼 게 너무 크고 그 자체로 추락했고, 민주당은 도대체 뭘 하는지 모르겠고, 내 생각에 지금 국민한테 욕먹는 게 맞는 것 같아. 북한만 바라보고 특히 부동산 문제가 너무 심각해서. 나는 투표권은 없었지만 최근 재·보선에서 오세훈 지지했어.

나는 지난 정권이 뒤집히는 걸 보면서 큰 희열을 느꼈어. 이명박 때는 무력감이 있었거든. 내가 정치에 관심을 둬봤자 바꿀 수 있는 게 없겠다라는. 박근혜가 대통령 되고 엄청난 혐오도 생기고. 근데 그 사람이 내 눈앞에서 시민에 의해 끌어내려지고 새 정권이 등장했잖아. 그래도 뭐라도 하면 뭔가 바뀌는구나 했지. 그래서 새 정권이 잘 됐으면 했고, 지지했는데. 사람만 바뀌었지 정말 바뀌어야 할 것은… 너무 답답하기만 해.

청년세대를 대변하는 정치인이 없어. 죄다 늙은 사람들밖에 없고, 전체적으로 나를 대변해주는 사람은 지금 정치판에는 없는 것 같아.

선출직 정치인은 물론 전문가-관료 집단인 국가기관과 그 공권력에 대한 불신도 상당히 높다. 그뿐만 아니라 연구참여자 대부분은 한국사회에 유전무죄-무전유죄의 이치가 여전히 작동한다고 믿는다. 이른바 버닝썬 게이트(2018)에서 폭로된 조폭과 경찰의 유착, 미디어가 선정적으로 그려내는 재벌 등 경제권력의 비리와 탈법 행각은 이런 생각에 확증을 더한다. 공권력이 나아지리라는 기대를 접은 이들은 나의 성공만을 살길로 보고 각개약진한다. 나아가 사회구조에 대한 불신과 무관하게, 성공하지 못한 이들에게 돌아가는 응분의 불이익을 당연하고 공정하다 여긴다.

이러한 공감대는 공공성의 붕괴가 가져온 결과로 해석할 수 있다. 국가가 내 삶의 보루라는 신뢰가 사라지면서 제도권 정치를 비롯한 공적 권력을 사익 추구 집단으로 받아들이는 것이다. 특히 2009년 서울 용산 남일당 건물에서 2014년 서해의 세월호에 이르는 사회적 참사 행렬은 시민의 생명을 건사하는 최상위 주체로서 국가의 위상을 무너뜨렸다.

잘 모르지만, 정당한 혐오

2020년 코로나19 창궐 이후 주요 선진국들조차 넘쳐나는 확진자를 감당하지 못하며 의료체계 붕괴를 맞았다. 반면 한국 정부는 철저한 감염 경로 확보, 사회적 거리두기, 공무원-의료 자원의 대대적 동원에 힘입어 별다른 봉쇄lockdown 조치 없이 한동안 코로나19 위기를

'관리'하는 데 성공했다. 이른바 K-방역은 시민들의 참여, 특히 자영업자들의 희생이 불가피한 처방이었지만 덕분에 정부는 신뢰를 눈에 띄게 회복할 수 있었다. 때마침 시행된 재난지원금 지급 정책은 유사시 국가의 역할 확대에 긍정적 반응을 불러일으켰다.

이해 봄 21대 총선의 의제 역시 단연 코로나19 방역 및 위험·재난 관리였다. '코로나 총선'에서 정부·여당은 다른 나라, 무엇보다 전임 정권들과 비교해 위기관리 능력을 인정받은 반면, 야당은 근거 없는 방역 음모론에 매달리며 그나마 있던 신뢰마저 깎아 먹었다. 1년 전 '조국 사태'로 들불처럼 일어난 20대의 분노는 잦아드는 듯했고, 문재인 정부 초기부터 정권을 비토해온 20대 남성들조차 절반 가까이가 여당에 표를 던졌다. 결과는 민주당의 '역대급' 압승이었다. 기세등등한 정부·여당은 20대 현상을 커다란 변수가 아니라 잠깐의 식체, 즉 소화불량쯤으로 여겼다.

그러나 이후 변이 바이러스라는 변수, 개신교회를 비롯한 몇몇 집단의 방역 대오 이탈, 끝을 기약할 수 없는 사회적 거리두기 정책에 피로감이 누적되면서 일일 확진자 규모가 세 자릿수, 네 자릿수를 넘나들었다. 정부의 감염 통제력이 한계를 보이기 시작하면서, K-방역이 끌어올린 대정부 신뢰도 역시 뒷걸음질쳤다.

비슷한 시기에 연이어 터진 인천공항 비정규직-정규직 전환 논란과 부동산 가격 폭등, 한국토지주택공사LH 직원들의 부동산투기

사건은 잠재하던 시민들의 불만을 거대한 분노로 키운 뇌관이었다. 공정과 위선이 한국 정치의 제1의제를 차지했다. 총선에서 여당을 지지한 유권자 다수가 등을 돌렸고, 그 핵심에 20대의 박탈감이 존재했다. 다시 말해 20대 현상과 2021년 재·보선에서의 민심 이반은 난데없는 돌발사고가 아니라, 예정된 시한폭탄이 코로나19라는 변수로 조금 늦게 터진 것이라고 볼 수 있다.

　오늘날 한국의 청년들은 정치에 적극적으로 무관심하다. 정치인을 신뢰하지 않으며, 정치에 대한 지식·정보가 부족하다는 사실을 인지하면서도 자신들의 불만과 불신에는 정당한 이유가 있다고 생각한다. 그들에게 정치는 나를 대변해주지 못할뿐더러 약자 배려를 명목으로 게임의 법칙을 교란하는 위선의 본산이다. 정치에 대한 그러한 '인상'을 축적하는 통로는 소셜미디어이며, 그 상당수는 카드뉴스와 큐레이션을 빙자한 '렉카' 콘텐츠다. 왜곡으로 점철되어 있음에도 정파성이 소거된 덕분에 언뜻 거부감 없이 소비되는 렉카물은 20대의 정치혐오를 강화한다. 얄궂게도 이러한 20대의 탈-정치 혹은 반-정치는 가장 정치적인 이슈가 되고 있다.

66 포퓰리즘 시대를
걱정하는 일부
민주주의자들은 악의
평범성을 이야기하지만,
다른 사람들은
평범함이라는 악을
비난하느라 바쁘다.

데이비드 런시먼,
《쿠데타, 대재앙, 정보권력》,
2020.

"

1979년부터 11년간 보수당 당수로서 영국 총리를 지낸 마거릿 대처는 퇴임 후 인터뷰에서 본인의 유산 중 가장 위대한 것이 무엇이냐는 질문에 노동당의 토니 블레어라고 대답했다고 한다.[1] 1997년, 무려 18년 만에 정권을 탈환하며 노동당 내각의 총리직에 오른 토니 블레어는 '제3의 길'을 표방하면서 필요 이상으로 대처리즘Thatcherism을 계승했다. 이후 10년간 이어진 블레어리즘Blairism으로 영국 진보정치의 문제설정, 그리고 의제의 지반이 오른쪽으로 이동하게 된다. 같은 시기 미국의 빌 클린턴 정부가 그러했고, 한국에서는 김대중 정부가 그러했다. 신자유주의가 세계화하면서 진보-보수 간 경계가 희미해진 것이다.

샹탈 무페는 오늘날 진보와 보수가 '코카콜라와 펩시콜라'의 차이에 불과하다며 꼬집었다. 낸시 프레이저는 보다 정중하게 '진보적 신자유주의'와 '반동적 신자유주의'로 표현했다. 유권자들은 둘 중 택일을 강요당하고 있다. 정치적 상상력이 매우 협소해지고 있는 것이다. 불행하게도 1990년대 이후 태어난 청년들에게 이는 생래적 정치 지형이다. 그렇다고 지금 체제에 만족하는 것은 아니다. 분명히 무언가 잘못되었음을 느끼며 강한 불만을 갖고 있지만, 그것이 무엇인지 특정할 수 없는 상태라고 할 수 있다.

한국인의 정치적 상상력, 자유주의와 그 오른쪽 극단

연구참여자들과의 대화에서 한 가지 흥미로운 사실을 발견했다. 나는 이것이 한국의 청년들 대다수가 공유하는 생각이라고 본다. 이들은 한국의 양대 정당을 크게 다를 바 없는 집단이라고 본다. 동시에 현재 정부·여당이 극단적 좌편향 정치를 펼치고 있다고 생각한다. 여야가 '거기서 거기'라면서도 한쪽은 지나친 좌편향이라니, 무슨 말인가 싶을 것이다. 이러한 비일관성은 협소해진 사회·정치적 상상력의 산물이다. 무엇보다 지난 수십 년간 진행된 진보정치의 우경화가 가져온 착시다. 말하자면 청년세대에게는 보수가 중도다. 오른쪽으로 기울어진 정치 지형이 지극히 자연스럽다. 따라서 균형을 바로잡고자 하는 온건한 정책, 조치마저도 급진적인 것으로 비춰지게 된다.

이는 지구적 현상이다. 지난 수십 년간 자본주의 선진국의 오버톤 윈도Overton window가 급격히 오른쪽으로 이동했다. 오버톤 윈도란 미국의 정치 전략가 조셉 오버톤Joseph P. Overton이 고안한 것으로 보통 사람들의 통념을 크게 벗어나지 않는, 그래서 무리없이 수용할 수 있는 이념의 범위를 의미한다. '담론의 창'이라고도 불린다. 양극단(상상조차 할 수 없는 것들) 사이의 정치적 상상력의 범주를 간단히 정리하면 아래 그림과 같다.

한국에서는 1959년 조봉암과 진보당이 몰락한 이후 반세기 가까이 진보정치가 설 자리가 없었다. 그런 사회에서의 진보-보수 구분은 서구의 전통적 이념 기준이 아닌, 상대적 평가에 따를 수밖에 없다. 1987년 이후 한국에서 진보 세력으로 불려온 민주당 계열 정당은 '개혁적 자유주의 세력' 혹은 '자유주의적 보수 세력'이었다. 그

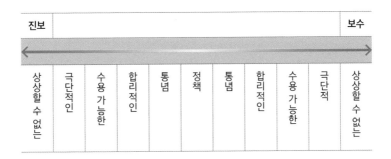

오버톤 윈도(담론의 창)

건너편의 민정당-국민의힘 계열 정당은 '냉전보수 세력'이다. 양대 진영을 구분 짓는 가치는 오랫동안 민주화였다. 그러나 '민주 vs. 반민주'로 또렷했던 전선은 21세기 들어 '진보적 신자유주의 vs. 반동적 신자유주의'로 귀결되며 흐릿해졌다. 어찌 됐건 한국의 정치 지형역시 서구와 마찬가지로, 어쩌면 더 심하게 오른쪽으로 기울어져 있다. 그 탓에 한국에서의 오버톤 윈도는 사실상 처음부터 오른쪽 아주 협소한 곳에 걸쳐 있었다. 여기서는 진보정치를 한국적 맥락에 따라 상대적인 개념으로 생각하기로 하자. 오늘날 한국의 오버톤 윈도를 도식적으로 표현하면 아래와 같을 것이다.

'보통 한국인'의 정치적 상상력은 자유주의-권위적 보수주의의 박스권에 머물러 있다. 이러한 현상은 우익 포퓰리즘 물결이 일어나

		한국인의 정치적 상상력								
상상할 수 없는	극단적인	수용 가능한	합리적인	통념	정책	통념	합리적인	수용 가능한	극단적인	상상할 수 없는
극좌		사민주의		케인스주의	제3의 길/사회자유주의		신자유주의	권위적 보수주의		극우

한국의 오버톤 윈도(담론의 창)

고 있는 유럽과 미국에서도 목격된다. 특히 현재 20대, 청년세대는 신자유주의가 보편화된 시기에 태어나고 성장하면서 정치적 상상력을 넓힐 기회가 없었다. 여기에 북한 문제와 레드 콤플렉스라는 한반도의 특수성이 겹치며 자유주의에서 조금이라도 왼쪽으로 나아가는 발상은 극단적이고 위험한 것으로 간주된다.

물론 레드 콤플렉스를 이용한 정치 공작, 이른바 '북풍'은 곧잘 역풍을 맞을 정도로 시민의식이 발전했지만 대북 적개심이 자취를 감춘 것은 아니다. 특히 입대를 앞두거나 예비군 훈련을 받아야 하는 20대 남성들에게 북한은 무조건 주적이다. 이들은 북한에 '온정적이며 퍼주기만 하고 심지어 고개를 숙이는' 정치 세력이 영 못마땅하다. 그런데 이는 평가가 아니라 '햇볕정책'을 펼친 김대중 정부를 계승한 문재인 정부와 민주당에 대한 인상에 불과하다. 남북 간에 실제로 어떤 일이 진행되고 있는지, 전임 정부들에 견줘 현 정부에서 어떤 성과와 퇴행이 있었는지에 대한 정보나 지식은 없다. 흥미로운 점은 이들이 이런 사실을 스스로 인정한다는 것이다. 이들은 '군대를 다녀오면 그렇게 된다'는 말로 자신들의 인상을 합리화하며, 북한에 적대적·호전적 발언을 내뱉는 정치인에 호감을 느낀다.

20대의 투표용지에 담긴 것,
지지 없는 응징

연구참여자들의 주관적 정치 성향을 알아보기 위해 다섯 개의 선택지―'매우 보수' '약간 보수' '중도' '약간 진보' '매우 진보'―를 제시했다. 남성 참여자 전원은 스스로를 '중도' 혹은 '약간 보수'로 평가했다. 이들은 대체로 북한에 대한 거부감을 진보 진영에 대한 거부감과 등치시킨다.

나는 사실 보수적이라면 보수적인데, 지난 대선에는 문재인 찍었고 지방선거 때도 민주당을 찍긴 했어. 그때만 해도 자유한국당(현재 국민의힘)은 정말 아니었으니까.

진보에는 마음이 가지 않더라고. 북한에 대책 없이 퍼주는 사람이 진보잖아. 북한 문제에 있어서 합리적인 사람은 보수인 것 같아.

'약간 진보'라고 대답한 사람은 한 명뿐이며 여성이다. 다른 여성들은 진보 진영에는 다소 거리를 둔다고 밝혔다. 자신이 '매우 보수'적이라고 밝힌 여성도 있다. 그는 그럼에도 여성 인권 관련한 진보적 의제에는 눈과 귀를 열어두는 편이라는 말을 덧붙이며 이른바 전통적 보수paleoconservatism와는 구별되는 입장을 취하려 한다. 또한 보수 정당을 지지하지만 인물을 보고 투표할 것이라며 제1야당(국민의힘)에는 거리를 두었다.

이 한 사람을 제외한 나머지 연구참여자들은 지지 정당을 특정하지 않았고, 호감을 느끼는 정당도 없다고 밝혔다. 한국의 거대양당을 모두 '노답'이라고 보는 것이다. 양당이 대략적으로나마 지향하는 가치가 무엇이며 어떤 이념 성향을 띠는지에 대한 이해 없이, '진보'와 '보수'에 대한 납작한 인상에만 근거한 것이지만 본인들은 합리적인 평가라고 생각한다.

정의당에 대해서는 '민주당보다 좀 더 왼쪽'이라는 정도로만 이해한다. 젊은 남성들은 정의당에 호감이 없다. '클로저스 티나 성우 교체 논란'(2016)을 비롯해 몇몇 의원들이 활발하게 개진한 메시지로 인해 '페미니즘 정당'이라는 인상이 박혔기 때문이다. 그 외 (원내외를 불문한) 소규모 정당들은 대부분 존재조차 알지 못했다. 연구참여자들은 군소정당 지지는 사표나 마찬가지이며, 따라서 관심을 가질 이유가 없다고 생각한다. 그럼에도 군소정당에 투표하는 경우는 양대 정당 중 어디에도 표를 주고 싶지 않아 제3후보를 찾을 때뿐이다. 그 중 여성 유권자는 (여당 소속이 아닌) 여성 후보에게 표를 주기도 한다. 이런 경향은 2021년 서울시장 재·보선에서 두드러졌다.

연구참여자의 절반 이상은 2022년 대통령 선거에서 야당 후보에 투표하겠다고 밝혔다. 정부·여당에 대한 환멸과 분노 때문이다. 그런데 이들 중 일부는 일찍부터 여당을 지지하지 않았음에도 2020년 총선에서 민주당에 투표했다. 재난 관리와 방역 이슈에서 도저히 야당을 신뢰할 수 없었기 때문이다. 이 또한 현재의 노골적 반-정부 경향이 '지지 철회'가 아니라 '원대 복귀'임을 보여준다.

야당에 투표하겠다는 연구참여자 중 일부는 인물에 따라서 다른 정당에 투표할 수도 있다고 덧붙였다. 이들은 자신이 단호한 야당 지지자로 비치는 것을 꺼렸다. 익숙한 정치인보다는 전문가 이미지가 강한 이를 선호했다. 그에 걸맞은 후보라면 소속 정당을 불문하고 지지할 수 있다고 했다. 이런 선호는 과거 안철수와 유승민의 지지세로 나타났고, 최근에는 윤석열을 향했다가 사그라들고 있다.

19대 대선에서 청년들에게 외면받은 홍준표가 이번 대선 국면에서 20대, 특히 남성들에게 인기를 끈 이유는 무엇일까? 그때나 지금이나 홍준표는 변함없는 '꼰대'다. 변한 것은 2017년엔 비호감 덩어리였던 홍준표식 꼰대 캐릭터가 2021년에는 일정한 매력을 획득했다는 사실이다. 최소한 가식적이거나 위선적이지는 않다는 것이다(이에 대해서는 뒤에서 다시 다루겠다). 때마침 당내 경쟁자였던 윤석열의 크고 작은 결점(특히 가족 비리와 그에 대해 그간 만들어온 후보 자신의 이미지를 배반하는 '내로남불'적 태도)이 드러나면서 본선 경쟁력에 물음표가 붙었고, '말이 통하는 꼰대면서 위선적이지도 않은 대선 재수생' 홍준표가 대안으로 떠오른 것이다.

문재인 정권에 대한 실망과 무관하게 여당 후보에 투표하겠다는 사람도 있다. 이들은 한국 정치사에 새겨진 냉전보수 세력에 대한 막연한 인상과 일말의 지식에 근거해 '그럼에도 불구하고 국민의힘에 정권을 줘서는 안 된다'는 명분을 내세운다. 누구든 그들을 이길 수 있는 후보에게 투표하겠다는 것이다.

뚜렷한 지지 정당이 없는, 즉 당장이라면 어느 당에 투표하겠지만 인물과 공약을 보고 선택을 바꿀 수도 있다는 이들의 선택은 결국 싫어하는 정당의 후보를 떨어뜨리는 투표로 귀결된다. 이렇듯 특정 세력의 (재)집권을 막기 위해 '부정적 투표' 혹은 '응징 투표'를 하는 사람들을 부동층이라고 할 수 있다. 이들을 중도층이라고 부르는 것은 어불성설이다. 앞서도 밝혔지만 부동층 비율은 수년째 20대가 가장 높다. 추정컨대 여론조사에서 특정 정당지지자임을 밝힌 20대의 상당수는 '응징 투표'의 일환으로 지지 정당을 그때그때 바꿀 가능성이 크다.

증가하는 부동층은 정치 무관심의 산물이며, 정치에 대한 환멸과 불신, 혐오의 적극적 표현이기도 하다. 정치 현안을 인터넷으로만 접하는 부동층은 자의반 타의반으로 자극적 기사에 노출되기 마련이다. 헤드라인이 말해주지 않는 맥락과 사정을 능동적으로 살피는 경우는 드물며, 그러기를 기대할 수도 없다. 따라서 정치 무관심은 손쉽게 응징 투표로 이어지고, 그렇게 교체된 정권에서 또다시 실망과 응징이 반복된다.

적폐청산 헤게모니의 소멸

현 정권에 강한 불만을 갖고 차기 대선에서 반드시 야당 후보에 투표할 의지를 밝힌 연구참여자 대부분은 정치 성향을 막론하고 19대 대선에서 민주당 문재인 후보를 뽑았다. 당시 여당(자유한국당)은 박근혜-최순실 게이트로 응징의 대상이 되었기에 민주당 후보를 지지하는 '부정적 투표'를 한 것이다. 다른 정당에 투표하지 않은 것은 사표 심리 때문이었다.

이들은 (그리고 다른 후보에 투표한 연구참여자들까지) 문재인 정부의 출범에 기대를 걸었다. 하지만 모두가 보수 야당 쪽으로 돌아서는 데는 긴 시간이 걸리지 않았다. 이들은 정부에 대한 불만으로 미진한 개혁과 과격한 좌파적 정책을 들었다. 이 불만을 반대 정당에 투표함으로써 관철하려고 한다. 미진한 개혁과 과격한 좌파적 정책이라는 평가는 일견 모순이다. 하지만 협소한 정치적 상상력에 따르면 그렇지만도 않다.

19대 대선에서 박근혜와 자유한국당을 심판하기 위해 문재인과 민주당을 선택한 이들이 금세 보수 정당 지지로 돌아선 까닭은 기억력이 짧아서가 아니다. 오버톤 윈도가 우측으로 크게 기울어져 있기 때문이다. 담론의 좌표를 조금이라도 좌측으로 이동하려는 시도가 감지될 때, 그러한 시도가 단기간에 가시적 성과를 내지 못하고 논란으로 번질 때, 사람들은 익숙한 상상력으로 후퇴하게 된다. 자기 상상력의 극단에 자리 잡은 정책으로 인해 예측불가능한 국면이 펼쳐지고 불안을 느낄 바에야 마뜩잖아도 익숙한 세상에서 살기를 원하는 것이다. 전임 정권이 저지른 국정농단의 기억이 그대로 남아 있더라도 달라지는 것은 없다. 촛불시위 당시부터 문재인 정부 2년차까지 절대적 힘을 발휘했던 '적폐청산 헤게모니'가 20대에서부터 깨지기 시작해 지금은 완벽하게 소멸된 상태이기 때문이다.

박근혜가 잘못한 게 명확히 보였으니까 자한당은 배제했지. 그럼 안철수나 문재인 중 하난데 안철수가 될 리는 없고, 되더라도 기반이 없어서 아무것도 못할 것 같아서 문재인 찍었어. 후회하고 있어, 홍준표 찍을 걸.

반대로 지금 국민의힘이 이러고 있으면 다음에는 민주당을 찍겠지. 선거가 다 그런 식인 거지.

진보, 자유주의(리버럴), 민주화 세력으로 불리는 이들은 계속해서 불리한 싸움을 할 수밖에 없다. 오늘날 진보 세력과 민주당 하면 가장 먼저 떠올리는 표현으로 '내로남불'을 꼽는다는 사실은 사람들이 진보와 보수 세력에 거는 기대치가 다름을 보여준다. 진보에 그림자처럼 따라붙는 이중잣대, 위선이라는 딱지 역시 보수 세력에게는 별다른 타격을 주지 못한다. 강준만이 말한 "보수는 이익지향적인 반면, 진보는 가치지향적이다"[2]라는 명제를 상기하면 좋을 듯하다.

현실의 이익을 지키기 위한 정치와 달리, 미래의 가치를 위한 정치를 평가할 때는 이른바 '진정성'이라는 기준이 추가된다. 그 가치에 부합하는 삶을 실제로 살고 있느냐가 중요한 평가 요인이 되는 것이다. 부자 증세, 부의 재분배를 외치는 진보 정치인이 건물 여러 채를 보유하고 있다면 아무리 적법한 축재라고 하더라도 여론의 비난을 달게 받아들여야 한다.

더욱이 탈법과 편법을 동원해 특혜를 받은 사실이 드러났다면, 같은 비리를 보수 정치인이 저질렀을 때와 비교할 수 없을 만큼 강한 비난과 처분을 감수해야 한다. 이는 진보정치가 가치투쟁을 지향하는 이상 피할 수 없는 세금이다. 한국의 진보·자유주의 세력은 헤게모니 탈환에 실패했다. 이는 보통 사람들의 정치적 상상력이 협소해졌다는 말의 동어반복일 수 있다. 그럼에도 불구하고 지금 한국사회의 객관적 조건들을 따져봤을 때 두 명제를 분리해 사고하는 것이 가능할 듯하다. 현재 한국은 미국 중심 세계체계 헤게모니의 한계점과 이른바 '08년 체제'의 한계점이 중첩된 자리에 놓여 있다.

08년 체제는 이명박 정부 이후 수립된 것으로, 노골적 수탈 구조의 전면화와 공안정국이 결합한 신자유주의 경찰국가의 탄생을 말한다. 이 체제의 정부는 자본의 자유를 수호하는 기능만 유지한 채 공공성 부문은 손을 놓거나 민영화한다. 그렇게 해서 일어난 것이 세월호 참사다. 박근혜-최순실 게이트는 적폐청산에 대한 전 국민적 동의를 이끌어내며 08년 체제의 균열을 예증했다.

미국 중심의 세계체계 헤게모니는 신자유주의적 금융 세계화로 특징된다. 세계 금융위기 이후 미국의 위상과 신자유주의 질서에 대한 회의가 도처에서 발생하고 있지만, 연구참여자들에게는 이러한 균열이 가시화되지 않은 듯했다. 그럼에도 이들은 모두 현상이 유지되는 것에는 강하게 동요했다. 사회가 이 상태로 지속되어서는 안 된다는 것이다. 다만 본받을 만한 역사적 경험이 없는 데다 정치적 상상력까지 빈곤한 탓에 마땅한 대안을 찾지 못하고 있었다.

반면 이들에게도 08년 체제의 균열은 상대적으로 뚜렷하게 보였고, 이것이 세계체계 헤게모니의 균열을 일정 정도 덮어버렸다. 이에 따라 청년들이 말하는 (취업·거주·결혼·육아 등 생애 전반에 걸친) '헬조선' 문제는 신자유주의 세계 질서 차원에서 박근혜 정권 고유의 문제로 급하게 환원되었다. 이것은 오히려 2016년 촛불시위 당시 '적폐청산 헤게모니'가 효과적으로 구축되는 계기로 작용하게 된다.

환원의 역효과는 정권교체 이후 발생했다. 새 정권이 들어섰음에도 불공정과 양극화 문제가 좀처럼 개선되지 않자 20대를 중심으로 다시금 정치에 환멸과 불신이 일어난 것이다. 연구참여자들은 이를 정부·여당에 대한 반감과 불만으로 드러냈다. 이 반감과 불만은 '부정적 투표'와 '응징 투표'로 나타나되 보수 야당에 대한 확고한 지지로 이어지지는 않은 모양새다.

새 인물론, 정치 환멸의 짝패

2017년 19대 대선에서 20대, 특히 남성 유권자들은 군소정당 후보 중 하나였던 유승민에게 상당한 지지를 보낸 바 있다. 양대 정당에 반감을 가진 이들에게 그는 그나마 괜찮은 선택지로 보였다. 연구참여자들 역시 그에게 (투표하지 않았을지라도) 호감을 표했다. 실제 선거에서도 유승민 후보는 20대에게 가장 많은 지지를 받았고, 그의 20대 득표율(13%)은 문재인·안철수 다음으로 높았다.

유승민의 인기는 그가 내건 여성가족부 폐지 공약과 강경한 대북정책에 청년 남성들이 호응한 것으로 보는 의견이 많다. 하지만 유승민에 대한 호감은 여성 연구참여자 사이에서도 감지되었다. 나는 이것을 더 장기적인 관점에서 보려고 한다. 유승민이 대선후보급 정치인으로 부상한 것은 2015년 4월부터다. 당시 여당 원내대표였던 그는 교섭단체 대표연설에서 박근혜 정부의 국정 운영에 문제가 있음을 인정하고, 몇 가지 진보적 의제들을 당론으로 채택해야 한다고 주장하여 야권의 박수를 받았다.

박근혜로부터 '배신의 정치'라는 비난을 받은 유승민은 하루아침에 당내 비주류로 밀려나게 된다. 원내대표직을 사퇴하면서 그가 남긴 '민주공화국 헌법을 지키고 싶었다'라는 소회는 '친박' 아닌 유권자들의 뇌리에 박혔다. 이후 유승민은 '보수 정치인'이 아닌 '유능한 경제 전문가'로 자리매김했고, 젊은 유권자들은 그를 '새로운 인물'로 받아들이기 시작했다. 유승민이 박근혜의 비서실장을 지낸 '원조 친박'이었다는 사실조차 '권력에 아첨하지 않는 직언가'의 이미지를 굳히는 호재로 작용했다. 이렇게 쌓아 올린 평판과 지지를 바탕으로 유승민은 박근혜 탄핵 이후 중도우파를 표방한 바른정당의 창당을 주도했고, 이 당의 대선 후보로 나서게 된다.

유승민의 경우처럼 양당 구도에 균열을 낼 (대개 '중도'를 내세운) 제3지대 세력화와 새 인물의 출현에 대한 열망은 연구참여자들 모두가 공유하고 있었다. 이들이 자신을 중도로 위치시키는 것은 여야를 불문한 기성 정치(인)에 대한 거부감의 표현이며, 새롭고 카리스마 있는 인물에 대한 갈증이다. 다만 앞서 살펴봤듯 한국의 오버톤 윈도에서는 운신의 폭이 너무나 좁다. 시선을 이념의 박스권 왼쪽으로 옮기자니 정치적 상상력이 부족하고, 반대편 오른쪽에는 태극기부대 등이 극우의 표상을 선점하고 있어 껄끄럽다. 요컨대 박근혜-최순실 게이트와 촛불시위가 청년세대의 극우화를 잠시나마 늦췄다고 할 수 있다. 이것이 얼마나 더 지속될지는 모른다. 내일이라도 태극기부대와 차별화한, 세련미와 대중성을 갖춘 극우가 등장한다면? 도널드 트럼프나 프랑스의 트럼프로 불리는 에릭 제무르Éric Zemmour 같은 이가 청년세대의 표를 잠식하지 말란 법이 없다.

양당 체제에서 아웃사이더 포지션이나 특정 분야의 전문가 이미지는 대중의 지지를 얻는 데 유용한 자원이다. 유승민을 비롯해 2016년 촛불시위 국면에서 대선주자로 급부상한 전 UN사무총장 반기문, 같은 해 범죄학 전문가라는 신선한 타이틀로 정치에 입문한 표창원, 2011년 서울시장 재·보선과 2012년 대선에서 IT 전문가이자 의사이자 '청년들의 멘토'로 신드롬을 일으킨 안철수, 2008년 17대 대선에서 유능하면서도 따뜻한 기업가 이미지로 젊은층의 지지를 얻은 문국현 등이 모두 이런 케이스에 해당한다.

이러한 '대안론'이 가장 극적으로 발현된 것이 2002년 16대 대선 국면에서 일어난 '노무현 현상'이다. 당시 여야 각 당에서는 이인제(민주당)와 이회창(한나라당)이 저마다 대세론을 형성하고 있었고,

양자 대결 시 이회창이 무난하게 승리하는 구도가 그려졌다. 뻔해 보이던 그해 대선은 민주당에서 당원이 아닌 일반인도 투표권을 행사하는 국민참여경선을 도입하면서 일대 드라마가 펼쳐진다. 당내 비주류였지만 민주화 진영 후보로 누구보다 선명한 정체성과 대중 호소력을 갖춘 노무현을 당 바깥의 대중들이 대거 지지한 것이다. 이른바 '노풍'에 힘입어 민주당 후보가 된 노무현은 그해 12월 우여곡절 끝에 이회창을 누르고 16대 대통령 자리에 오른다. 특정 계파에 속하지 않은 아웃사이더 기질, 좌중을 휘어잡는 언변과 직설적 화법, 상고 출신 변호사로서 서울대 출신의 엘리트 경쟁자(이인제·정몽준·이회창)들과 뚜렷이 대비되는 입지전적 스토리… 이런 면모들이 노무현을 새로운 인물로 부각했고, 기성 정치에 염증을 느낀 보통 사람들의 대대적 지지로 이어졌다고 볼 수 있겠다.

더 과거로 가보자면 1992년 14대 대선에서 제3정당 후보로 나선 기업가 정주영, 같은 선거에 '깨끗한 정치인' 이미지를 내세우며 출마해 돌풍을 일으킨 박찬종이 있다. 이렇듯 '새로운 인물'을 향한 보통 사람들의 열망은 그 역사가 깊다.

연구참여자들의 이야기로 돌아가자. 오늘날 30대 이하 유권자들의 투표 경향은 '부정적 투표' '응징 투표'로 요약된다. 자유주의와 극우의 박스권에 갇힌 양당 정치를 강하게 불신하지만, 그 너머의 다른 정치를 상상하지 못한다. 어렵게 상상하더라도 현실성이 없다고 포기한다. 한국사회가 이대로 가는 건 지옥이지만 딱히 대안도 없다. 그저 현 정권이 실패하면 부정적 투표로 응징할 뿐이다. 그러나 별다른 대안 없이 안티의 에너지로 정권을 탈환한 세력을 기다리는 것 역시 응징 투표다. 이렇듯 '지지 없는 응징'의 공회전은 환멸과 불신을 더 강하게 만들며, 가중된 환멸과 불신은 새로운 인물과 카리스마 있는 지도자에 대한 환상과 열망으로 나아간다.

❝ 포퓰리즘은 민주주의와 일정 정도 긴밀한 관계를 유지하지만 정치적 자유와는 근본적으로 상충한다. 자유주의적 요소가 퇴화하면서 포퓰리즘은 다수의 횡포가 증폭될 수도 있다.

서병훈, 《포퓰리즘》, 2008.

"

앞에서 연구참여자들을 비롯한 20대의 상당수는 정치와 시사에 무관심하고, 관련 정보와 소식을 능동적으로 찾아보지 않는다고 이야기했다. 이들이 신문 구독, 뉴스 시청은 물론이고 독서 자체를 멀리하는 것은 20대가 특별히 반-지성적 세대라서가 아니다. 그만큼 바쁜 데다, 가시적 성과를 기대하기 힘든 일에 시간을 투자하지 않도록 훈련받아왔기 때문이다. 직장에 자리 잡은 사람은 퇴근 후에 세상사를 들여다볼 여력이 없다. 구직 중인 경우는 말할 것도 없다. 다만 구직이나 이직을 위한 자기소개서나 면접을 대비한 최소한의 지성은 갖춰야 한다. 자연스럽게 두꺼운 책과 신문 기사와 씨름하지 않고도 그러한 지식과 상식의 엑기스를 얻을 수 있기를 바란다. 그 결과 유행한 것이 〈차이나는 클라스〉〈벌거벗은 세계사〉등의 시사교양 예능 프로그램이나 '1일 1페이지 ○○' '1페이지 ○○○' 유의 상식 요약형 서적이다.

생각의 외주화

디지털 큐레이션이란 그때그때 화제가 되는 이슈들을 흥미로운 것 위주로 선별하고 단숨에 이해할 수 있게 해주는, 혹은 이해했다는 인상을 남겨주는 콘텐츠의 모음을 일컫는다. 청년들이 시사·정치 뉴스 창구로 이용하는 소셜미디어는 디지털 큐레이션 콘텐츠의 유통에 더없이 적합한 플랫폼이다.

"디지털 큐레이션의 제작자들은 각자 나름의 어젠다와 입장을 가지고 정보들을 선별해 특정한 맥락에 위치시키고 해석을 덧씌운다. (…) 소셜미디어 플랫폼에서는 이용자의 성향에 맞춰 게시물의 노출 여부가 결정된다. 즉 이용자의 생각에 알맞은 해석을 제공하는 디지털 큐레이션, 좋아요를 반복해서 누른 게시물과 비슷한 성향의 콘텐츠만 메인화면에 노출"[1]된다. 중요성과 화제의 경중을 판별하는 기준은 사람마다 다를 것이다. 즉 디지털 큐레이션을 소비하는 사람들은 중요한 문제와 중요하지 않은 문제, 본인에게 흥미로운 것과 그렇지 않은 것의 판단을 디지털 큐레이션 제작자에게 위탁하고 외주화하는 셈이다.

청년들은 정치 유튜브에는 반감을 갖는다. 정치에 무관심하고 적대하는 판이니 당연한 경향이다. 다만 이들은 여가에서 떼놓을 수 없는 유튜브를 통해 정치 일반에 대한 피상적 인상을 쌓는다. 유튜브를 매우 제한적인 관심사를 콕 집어 검색해보는 데만 이용하는 게 아닌 한, 알고리즘 추천에 뜨는 정치·시사 관련 영상의 썸네일과 캡션에 눈이 가고 클릭을 해보게 마련이다. 흥미가 생겨서 능동적으로 찾아보는 게 아니라 썸네일의 자극적 이미지나 캡션(카피)에 이끌리는 것이다.

이런 식으로 그 어떤 '어그로'를 끌어서라도 클릭을 유도하는 콘텐츠와 그 제작자가 바로 사이버 렉카다. 전술했듯 사이버 렉카는 멸칭이면서도 '욕하면서 보게 되는' 유튜브의 주류 장르로 자리 잡았다. 연구참여자들을 비롯한 청년들은 그거라도 보면서 '소셜미디어로 시사를 접한다'고 생각한다. 그러나 이는 디지털 큐레이션과 사이버 렉카의 손에서 연성화·단순화·예능화한 (더 나쁘게는) 왜곡·날조된 이슈의 편린을 접한다고 함이 더 정확할 것이다.

단순화와 희화화

유튜브를 제외한 소셜미디어 가운데 한국에서 가장 인기 있는 플랫폼은 인스타그램이다. 특히 30대 이하 인구에서 인스타그램 이용률은 부동의 1위다. 사진 이미지나 1분 안쪽의 짤막한 영상 위주로 지인들끼리 근황을 공유하는 공간으로 인식되어온 이 소셜미디어에서도 '렉카'가 기승을 부린다. 인스타그램의 브라우징 기능은 자신과 무관한 이용자의 게시물도 비공개가 아닌 한 구경할 수 있게 한다. 이 기능은 자신이 팔로follow하는 이용자가 '좋아요'를 누른 타인의 게시물을 보여주는 용도였지만, 데이터가 쌓이고 알고리즘이 고도화하면서 유튜브의 추천 기능과 다를 바 없게 되었다.

자연스럽게 인스타그램에서도 조회수와 '좋아요' 숫자를 올리기 위한 자극적인 콘텐츠가 늘어난다. 유튜버들이 유명세를 얻는 방식과 대동소이하게, 열심히 가꾼 외모를 과시하고 '힙한' 라이프스타일을 뽐내며 팔로어와 구독자를 확보한다. 그렇게 '인플루언서'로 등극한 사람들은 다양한 협찬과 대가를 받으며 상품을 홍보하는 광고 모델로 나선다.

소셜미디어 공간이 유명세를 사고파는 시장으로 변화한 것을 비난할 생각은 없다. 진짜 문제는 저 인플루언서들만큼의 노력도 기울이지 않으면서 조회수만 올리는 렉카 계정이다. '인스타 렉카'가 출몰하는 것은 여기에도 광고가 붙기 때문이다. 주로 예능·스포츠 방송의 클립영상이나 웹상에서 입소문을 탄 유머·사연 등을 마구 퍼온 뒤 선정적 제목을 단 썸네일을 내세워 클릭을 유도한다. 썸네일 제목들 가운데는 일부러 맞춤법을 어긴 경우를 어렵지 않게 찾을 수 있다. 유명인의 이름을 한 글자씩 틀리게 적기도 한다. 말 그대로 '어그로'를 끌어 조회수를 높이기 위함이다. 여기에 진지하게 반응해 오자를 지적하며 가르치려는 댓글이라도 다는 사람은 그저 '낚인' 것이다.

인스타그램의 넝마주이 계정들은 일종의 '카드뉴스'를 표방하며 각종 뉴스거리를 3-4장의 슬라이드로 요약해서 보여주기도 한다. 물론 마지막 슬라이드에는 늘 광고가 붙는다. 첫 장은 해당 이슈를 다룬 기사의 헤드라인과 이미지로 채우고, 다음 장에서는 기사에 달린 댓글을 추천순으로 몇 개 뽑아 보여준다. 여기서 얻을 수 있는 정보는 그저 '이런 일이 있다'라는 게 전부다. 기사 전문은 간데없이 이용자 댓글만 보여주기 때문에 사건에 대해 왜곡·편향된 인상만 가져갈 가능성이 크다. 더욱이 추천을 받고 상단에 노출되는 댓글들은 대개 사람들의 분노·혐오를 대변하거나 속시원한 '일침'을 가하는 것들이다. 이런 반응은 복잡한 사안을 단순하게, 심각한 사안을 우스꽝스러운 일로 만든다.

인스타 렉카를 통해 시사를 접하는 사람들 또한 어떤 이슈의 경중과 그 해석을 그들에게 맡기는 것과 다름없다. '한강 의대생 신종 사건'(2021)은 그런 '생각의 외주화'의 해악이 드러난 예다. 단순 실족사로 결론이 난 이 사건이 몇 개월에 걸친 세간의 관심과 음모론, 경쟁 보도로 뜨거웠던 이유는 무엇일까? 발단은 레거시 미디어의 자극적 보도였다. 언론은 실종자가 젊은 남성이며 의대생이라는 점을 부각했다. 당일 밤늦게까지 실종자와 함께 술을 마셨다는 친구의 행적에 은근히 의구심을 표하는 보도가 뒤를 이었다. 이윽고 이 사건은 촉망받는 엘리트 청년의 안타까운 실종사건이라는 프레임으로 대서특필되었고, 렉카들이 이를 놓칠 리 없었다. 실종자 아버지의 스펙이 화려하다느니 하는 가십으로 클릭을 유도하고, 수사와 관련한 아버지의 주장이 모두 사실인 양 음모론을 생산했다. 실종자 친구와 경찰 수사에 관한 온갖 루머가 유튜브·인스타그램·페이스북 등 뉴미디어를 타고 번져나갔고, 기성 언론은 이를 확대재생산 하며 특별한 사건으로 만들었다.

이 사건으로 전국이 떠들썩하고 추모 집회까지 열린 와중에 평택항에서는 스물세 살의 대학생 노동자가 컨테이너에 깔려 사망했다. 이 죽음에 관심을 가진 청년은 드물었다. 사건의 존재조차 알지 못하는 사람이 훨씬 많을 것이다. 연구참여자들도 대부분 의대생 실종사건에는 이런저런 말을 보탰지만 평택항 청년 노동자 사망사건에는 무심하거나 처음 듣는 일이라는 반응을 보였다. 소셜미디어로 시사를 접하는 사람들에게, 동년배 청년 노동자의 비극은 딱 그 정도의 일이다.

가짜뉴스만큼 해로운
해묵은 뉴스

몇 해 전 사건을 채굴해서 마치 최신 화제인 양 눈속임하는 '이슈팔이'도 많다. 과거에 유행한 유머 게시물을 끌어와서 '좋아요'를 받는 것과 뭐가 다르냐고 하겠지만 분명 다르며 문제가 된다. '예전에 이런 일이 있었다'라는 정보를 제공하는 게 아니라, 이미 해명되고 해결된 이슈와 갈등이 살아 있는 현재의 문제로 알려지기 때문에 혼란을 부르는 것이다.

2021년 5월, 〈돈 받고 성관계한 10대 여학생들 '피해자'로 판단해 정부 지원금 받는다〉라는 헤드라인이 소셜미디어에서 입소문을 탔다. 연구참여자 중 한 명이 유일하게 구독하는 언론이라고 밝힌 《인사이트》의 기사였다. 정작 전문에는 지원금 이야기는 없었다. 성매매를 한 청소년도 피해자로 인정되므로 회복을 위한 일정한 지원을 받을 수 있도록 법이 개정된다는 이야기가 전부였다. 실상은 당장 밥 먹을 돈과 잘 곳이 없는 청소년에게 몇 만 원가량의 긴급지원금 지급을 검토한다는 것이었다. 오해를 부르는 악의적 제목도 문제였지만 더 황당한 것은 해당 기사가 1년 전인 2020년 4월 30일지에 이미 보도되었다는 사실이다.

이런 변종 사이버 렉카는 과거의 기사, 그것도 제목만 보면 오해

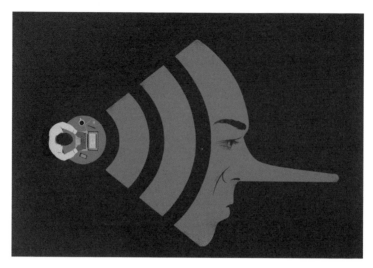

소셜미디어를 타고 퍼져나가는 가짜뉴스는 팩트체크와 무관하게 사람들에게 엉뚱한 분노를 심는다.

할 수밖에 없는 기사를 발굴한 뒤 전문이나 링크는 생략한 채 업로드함으로써 소셜미디어 이용자들의 즉각적 반응을 끌어낸다. 《인사이트》의 철지난 기사는 사람들에게 문재인 정권은 '여성만 위한다'라는 납작한 인상을 강화하고, '공정하지 않다'라는 원한을 누적한다. 애꿎은 사람들이 현안도 아닐뿐더러 뉴스 축에도 못 끼는 콘텐츠를 보며 엉뚱한 분노를 키우는 것이다. 《인사이트》의 기사로 논란이 일어나자 때아닌 팩트체크 기사가 나오기도 했다. 그러나 렉카 계정들이 팩트체크 기사를 게시할 리는 없었고, 엉뚱한 분노를 키운 사람들은 앞으로도 어지간해서는 그 기사의 진위를 깨닫지 못할 것이다.

내가 속해 있는 단톡방에서도 한 친구가 문제의 기사 헤드라인을 올린 일이 있다. 단톡방 멤버들의 반응은 매우 전형적이었고, 내가 팩트체크 기사를 공유하자 비로소 오해가 풀렸다. 그러나 또래 친구들이 모인 숱한 단톡방마다 팩트를 따지거나 직접 기사 전문을 찾아볼 사람이 얼마나 있을까. 문제의 《인사이트》 기사 이미지는 지금까지도 잊을 만하면 렉카 계정에 업로드된다. 게시물에 달리는 댓글들 역시 팩트체크 기사가 나오기 이전과 다를 바 없다.

'사이다'에 스민 ————
분노와 혐오

정치·시사와 무관한 콘텐츠의 소셜미디어 유통도 사이버 렉카와 결합하면 만만찮은 해악을 가져올 수 있다. 보통의 네티즌들이 커뮤니티에 올리는 경험담이나 목격담은 단순히 재미와 공감을 위한 것이다. 하지만 렉카의 그물에 걸릴 만큼의 입소문을 얻은 게시물이라면 보는 사람의 감정을 자극하는 경우가 혼하며, 특히 이른바 '사이다 서사'를 따르는 것들이 많다. 사이다 서사란 답답하고 화나는 상황을 시원하게 타개하는 스토리를 사이다의 청량감에 빗댄 말이다.

갑질하는 상사나 막말하는 진상 고객을 상대하는 평범한 부하 직원, 서비스직 노동자 등의 '을의 투쟁'으로 공감대를 얻은 '사이다'는 언제부턴가 권력 관계와 무관하게, 나의 심기를 건드린 사람이라면 누구든 면전에서 모욕과 응징을 가하는 행태를 가리키는 말이 되었다. 심지어 상대가 사회적 약자, 어린이여도 상관없다.

최근 소셜미디어 등지에서 유행하는 사이다 서사의 소재로 '맘충' '잼민이'(어린이를 비하하는 신조어)가 있다. 이야기에 사이다 요소가 없더라도 단지 이들의 무례함이나 기행을 전하는 것만으로도 상당한 조회수를 기록할 수 있다. 사이다 역할은 이들에 대한 원한, 혐오, 분노로 가득한 댓글난이 대신한다. 특히 어린이보호구역(스쿨존) 내에서의 운전자 의무를 강조한 '민식이법' 시행 이후 '잼민이'를 다룬 게시물과 댓글난은 어린이와 그 부모, 정부를 싸잡아 조리돌리는 성토장이 되고 있다.

소셜미디어에서 또 하나의 유희로 자리를 잡은 것은 중국인 비하다. 인구 14억이 넘는 중국에서 괴상하고 황당한 사건이 매일 벌어지지 않는다면 그게 더 이상한 일일 것이다. 물론 조회수에 굶주린 렉카 떼에겐 그만한 황금어장도 없다. 각종 중국발 가십에 '대륙의 기상'이라는 등 반어적 제목을 달아 게시하면 금세 중국(인)을 조롱하는 댓글이 줄줄이 달린다. 이를 통해 사람들은 모종의 거짓 효능감을 얻는다. '그래도 내가 (혹은 한국이) 덩치만 큰 중국보다는 낫다'는 것이다.

경멸로 시작한 반중 멘털리티는 홍콩 민주화운동 탄압, 코로나19 바이러스 창궐, 무역보복과 역사왜곡 논란 등이 겹치면서 중국 혐오로 번졌다. '착짱죽짱'(착한 짱깨는 죽은 짱깨)이라는 으스스한 말까지 유행한다. 결코 가벼운 농담이 아님에도 청년들, 심지어 어린이들의 입에 쉽게 오르내리는 것은 예삿일이 아니다. 이런 식으로 각인된 반중 멘털리티는 중국과 관련된 것이라면 반사적으로 적의와 반감을 품게 만든다. 중국에 조금이라도 우호적인 콘텐츠에는 무조건 '싫어요'를 누르고 별점 테러를 가한다. 유명인이 어쩌다 중국을 좋게 언급한 기사라도 올라올라치면 '그래도 중국은 좀…' 식의 댓글이 달린다. 이 같은 중국 혐오는 문재인 정권에 붙은 '친중 외교'라는 딱지와 맞물려 반-정부 성향의 알리바이가 되기도 한다.

중국, 어린이, 여성, 페미니즘, 정치적 올바름, 정체성 정치, 외국인, 난민에 대한 반감과 경멸과 적대는 위와 같은 방식으로 소셜미디어에서 반향을 일으키며 증폭된다. 10여 년 전 조선족의 인신매매와 장기매매 괴담이 떠돌던 페이스북에서는, 아프가니스탄 난민들이 이슬람 포교를 위해 난민시설에서 집단 임신을 계획한다는 괴담이 돈다. 코로나19 백신과 관련한 가짜뉴스 역시 같은 경로로 유포된 바 있다.

유튜브·카카오톡 등을 경유한 가짜뉴스의 전파는 노년층의 문제로 축소되는 경향이 있지만 20대의 상황도 마음 놓을 상황이 아니다. 일베 등 극단적 커뮤니티와 황색·유사언론 등 괴담의 진원지와 무관한 이들도 소셜미디어를 이용하는 한, 또래와 단톡방에서 소통하는 한, 곳곳에서 창궐하는 혐오 게시물을 피할 도리가 없기 때문이다.

전염되고 학습되는 분노

분노와 경멸, 혐오는 정치와 무관하고 사이버 렉카 콘텐츠도 아닌 평범한 게시물을 통해서도 전이된다. 경로는 이렇다. 예컨대 유튜브에서 비디오 게임 콘텐츠를 찾아본 사람에게 해당 영상의 시청자들이 많이 본 또 다른 영상이 추천된다. 그런데 20대 남성 게이머들은 대개 정치적 올바름PC에 적대적이다. PC와 페미니즘의 영향에 따른 게임 캐릭터 재현과 서사 구조 변화를 자신들만의 문화에 대한 공격으로 간주하기 때문이다. 따라서 게임 관련 유튜브 영상을 몇 차례 접한 이는 의도치 않게 반-PC, 반-페미니즘을 이야기하는 콘텐츠로 유인되기 쉽다.

한편 하등 상관없는 콘텐츠에서도 PC와 페미니즘을 겨냥한 혐오의 섀도복싱을 벌이는 댓글도 있다. 마찬가지로 어떤 게시물에서

건 '기-승-전-반反문재인'을 이야기하는 댓글도 있다. 이러한 여론 몰이에 어떤 배후나 공작이 있다는 게 아니다. 십수 년 전 유행한 '이게 다 노무현 때문이다' 놀이에 대한 기시감이다. 나는 가끔 10여 년 전 황금기의 〈개그콘서트〉 영상클립을 찾아본다. 거기엔 '이렇게 재밌던 개콘이 어쩌다 그렇게 몰락했을까'라는 댓글이 달린다. 그런 물음의 답글에는 개콘이 재미없어진 이유로 '프로불편러'들의 PC·페미니즘 검열이 주로 꼽힌다. 정치 편향을 지적하는 사람도 적지 않다. 민주당 편향의 정치풍자 개그만 밀어주다가 정권교체 이후로 그런 개그가 사라졌다는 것이다. 사실 여부는 차치하고, 현 정권에 붙은 '친-페미' 딱지와 맞물려 댓글난은 결국 '이게 다 문재인 때문이다'로 물든다. 나 같은 사람은 추억의 영상을 보러 왔다가 의도치 않게 반-정부 포인트를 적립해 가는 셈이다.

인터넷 여론이 청년세대의 보편적 생각이 아님을 지적하는 사람이 많다. '이대남'을 이해한답시고 남초 커뮤니티를 들여다보는 우를 범하지 말라고도 한다. 반만 맞는 이야기라고 생각한다. 일단 생산된 비하·혐오 콘텐츠는 특정 커뮤니티에만 고여 있는 게 아니다. 말 그대로 바이러스처럼 퍼져나간다. 다시 말하지만 특정 커뮤니티 이용자가 아니더라도, 단 한 번도 접속한 일이 없더라도, 그 사이트의 존재조차 모르더라도 그곳에서 발원해 소셜미디어를 타고 퍼져나가는 괴담과 가짜뉴스, 혐오 콘텐츠, 유머로 둔갑한 증오의 메시지와 완전히 단절하는 것은 불가능하다. 렉카 계정들이 퍼뜨리는 이러한 콘텐츠에 지속적으로 노출되고 분노 어린 댓글을 마주할수록, 천천히 그 분노를 자신의 것으로 학습하게 된다.

.

" 최근 몇 년간 극우 테러의 위협이 점점 더 심해졌다. 이른바 '외로운 늑대'라고 불리는 단독범들은 더 광범위한 극우 하위문화, 특히 온라인에 의해 종종 상당한 영향을 받았다고 추정되며, 악명 높은 극우 테러 사례의 대부분을 자행한 것으로 밝혀졌다.

카스 무데,
《혐오와 차별은 어떻게 정치가 되는가》, 2021.

"

문재인 정권에 대한 불만으로 곧잘 거론되는 주제 가운데 하나가 대
북 정책이다. 그런데 정작 마음에 들지 않는 정책의 세목을 꼬집어
이야기하는 경우는 거의 없다. 문재인 정부와 민주당이 '친북'이며
'퍼주기만 한다'라는 납작한 인상이 전부다. 오늘날 (노년층을 제외하면)
종북몰이, 색깔론, 북풍의 위력은 예전만 못하다. 그럼에도 여전히
'민주당=친북'이라는 오래된 인상은 여론 지형에서 자유주의·진보
세력의 핸디캡으로 작용한다. 한 연구참여자는 "한국 남자들은 군대
를 다녀오면 북한을 싫어하고 보수적이 될 수밖에 없다"라고 말했
다. 이 말마따나 한국전쟁이 종식되기 전까지는 북한을 무조건 주적
으로 여기겠다는 남성이 많다. 여성도 크게 다르지 않다. 덜 호전적
일 수는 있어도 북한을 협력보다는 경계해야 하는 상대로 여기는 경
향이 더 크다.

20대가 북한을 혐오하는 까닭

레드 콤플렉스와 남북관계, 북한의 외교적 처신은 장기적이고 구조적인 문제다. 따라서 이것만으로 오늘날 '20대의 북한관'을 온전히 설명하기는 힘들다. 특히 2018년 평창 동계올림픽 여자 아이스하키 남북단일팀 문제에서 불거진 청년들의 강경한 반대 여론은 '공정성 담론'과 결부된 문제로 접근하는 게 더 적절하다고 본다.

제일 불만은 북한에 너무 퍼주는 거야. 김대중과 노무현 때 전례가 있는데 왜 똑같이 그러는지 이해가 안 돼. 뒤통수를 맞을 게 뻔한데. 잘 알고 하는 얘기는 아니지만 눈에 보이는 게 그렇잖아. 계속 미사일이나 쏘는데 우리는 북한 눈치만 보는 것 같고.

북한에 대책 없이 퍼주는 사람이 진보잖아. 북한 문제에 있어서 합리적인 사람은 보수인 것 같아.

연구참여자들의 불만은 이념적이거나 군사적 사안이 아니라 '퍼주기'의 문제, 곧 공정의 문제와 결부되어 있음을 확인할 수 있다. 이들은 대북 지원에 따른 가시적 성과가 있다면, 혹은 남한에 돌아오는 일말의 이익이 있다면 밑 빠진 독에 물 붓기가 연상되는 '퍼주기'

라는 말은 쓰지 않을 것이라고 한다. 하지만 북한은 대가 없이 받기만 하고, 자신들이 원하는 걸 내놓을 때까지 도발할 뿐이다. 북한이 후진국인 것은 세계질서에서 고립된 채 세습독재를 고집하며 경제 성장에 실패한 무능 때문이다. 따라서 그런 북한 지도부가 여전히 몽니를 부리고 있는데도 인도적 지원이라는 명목으로 국민 세금을 퍼붓는 것은 공정치 않다는 얘기다.

2019년 6월, 연구참여자들 일부와 내가 속한 단톡방에 기사 하나가 공유되었다. 대북 인도적 지원사업에 총 800만 달러(약 95억 원)가 집행된다는 내용이었다. 반응은 매우 전형적이었다. '종북 세력' 운운과 국민의 세금을 '퍼준다'는 비난과 냉소였다. 기사 전문을 살펴본 내가 해당 사업은 유니세프 등 국제기구가 주도하는 일에 한국을 포함한 여러 국가들이 공동으로 참여하는 것이라고 설명했지만, 아무렇거나 이들은 '북한에 95억 지원'에만 집중하는 듯했다.

북한과 비정규직이라는 외부인

연구참여자들은 문재인 정부의 대북 정책 전반을 공정성의 문제와 결부한다. 즉 대북 지원에 대한 이들의 반감은 비정규직의 처우 개선

및 정규직화에 대해 갖는 반감과 같은 논리를 공유한다.

사실 나 같은 사람들은 비정규직이 되기 싫고, 돈 적게 벌고 복지도 안 좋은 일 하기 싫어서 놀 시간도 없이 연애도 못해보고 허리 빠지도록 공부하고 있는데, 비정규직으로 쉽게 취직해서 바로 정규직이 된다고 하면 배알이 꼴리는 건 어쩔 수 없는 거야.

비정규직들도 당연히 경쟁을 거쳐서 된 거겠지만, 비정규직이라는 이유로 지원을 안 한 사람도 있을 거란 말이야. 근데 그걸 전환을 해버리면 지원 안 한 사람은 바보 되는 거잖아. 정규직 채용이었으면 지원할 수도 있었던 사람은 자리가 없어지는 거야.

위의 발언들은 사회학자 오찬호가 《우리는 차별에 찬성합니다》 (2013)에서 소개한, 2006년 KTX 승무원의 정규직 전환 문제를 다룬 토론에서 나온 대학생들의 입장과 비슷하다. 오찬호는 평소 정치·시사 문제에서 진보적인 태도를 보여온 학생들이 그러한 반응을 보였다는 사실에 놀라면서도, 그들의 '진보적이지 못한' 발언들에서 한 가지 공통점을 발견한다. '내가 투자한 시간'을 언급하며 자신이 얼마나 많은 것을 포기하면서 노력했고, 노력하고 있는지를 거듭 강조하는 것이다.

20대가 신자유주의 자기계발 담론을 체화했다고 본 오찬호는 "취업되기 위해 그 힘든 자기계발을 하는 건데, 결과적으로는 취업과 상관도 없는 '상대적 비교에서 오는 자기만족'을 위해 자기계발을 하고 있는 셈"[1]이라고 지적한다. 이렇게 나보다 상대적으로 '덜한' 존재를 찾아 자신을 상대적으로 절상하는 것이 경멸의 메커니즘이며, 이것을 더 적극적인 방식으로 '우리'보다 못한 '그들'을 만들어내는 것이 혐오의 메커니즘이다.

　　이명박-박근혜 정권으로 이어진 신자유주의 경찰국가 체제에서 더 가혹해진 공안정치와 수탈은 한국사회의 공공성을 붕괴시켰다. 이제 한국에서 살아간다는 것은 말 그대로 생존 문제가 되었다. 이런 상황에서 공공부문 비정규직 일자리의 정규직 전환은 공공성 회복을 위한 방책으로 볼 수 있다. 그러나 말했다시피 연구참여자들의 마음가짐은 '내 코가 석 자'다.

　　공공성이 실종된 사회에서 이들은 살아남기 위해 스펙을 쌓고, 아무도 책임져주지 않는 깜깜한 미래를 대비해 일상의 소박한 즐거움은 물론 연애와 결혼, 출산까지 미루거나 포기하며 노력했다. 그렇게 확보한 한줌의 상대적 우위는 어떤 식으로라도 보상받아 마땅하다. 이들에겐 그것이 '공정'이기 때문이다. 나아가 연구참여자들은 여건이 못 되어 그런 노력조차 할 수 없었던 사람들이 임금과 처우와 시선에서 응분의 푸대접을 받는 것에 만족한다. 그들에 대한 사회적 차별까지가 본인들에게 주어진 '공정한 보상'이라고 여기는 것이다.

공정한 차별주의자

20대에게 '공정'은 정체성 정치를 평가할 때도 중요한 잣대가 된다. 페미니즘 의제로 대화할 때, 남성 연구참여자 대다수는 양성 할당제 등의 정책에 강한 불만을 드러냈다. 이들은 기업이 지금까지 성별을 불문하고 능력에 따라 직원을 뽑아왔다고 믿고 있다. 설사 특정 성별을 선호하고 석연치 않은 가산점을 부여하는 식의 행태가 있더라도 그것은 입맛에 맞는 노동자를 채용하는 기업·고용주의 권한으로, 자연스러운 시장의 논리일 뿐 정치가 개입할 사안이 아니라는 것이다.

이들은 할당제 때문에 더 자격 있는 남성 대신 여성 지원자가 뽑힌다고 상상하며 탈락한 남성을 자신과 동일시한다. 남성 연구참여자들이 보기에 '남성 특권'은 최소한 자신들이 사는 한국사회에서는 존재하지 않는 것이다. 이런 생각을 공유하는 20대 남성들에게 성별 고용·임금격차 해소를 위한 정부·여당발 논의들은 '모두의 구직난'이라는 진짜 문제를 은폐하는, 페미니즘 물결에 편승하려는 시도에 불과하다. 문재인 정권이 국민 절반에만 소구하며 청년 남성에게는 양보를 강요하고 있다는 피해의식은 다음의 발언에서도 확인된다.

남자들이 까라면 까는 군대식 습성이 남아 있어서 기업들이 남자를 선호하는 거 아니겠어? 어쨌든 백번 양보해서 남자가 여자보다 취업에 더 유리한 건 있을 수 있어. 할당제라는 게 취지는 좋지. 그런데 그걸 꼭 지금 해야 되느냐는 생각이 드는 거야. 우리까지만 남자가 더 많이 취직하고 그다음부터 하면 좋겠다는 생각을 하지.

기성세대 남성들은 누릴 거 다 누려놓고선, 지금처럼 심각한 청년 실업난에 그나마 하나 남은 20대 남성의 어드밴티지(고용주의 남성 선호 경향)마저 박탈하려는 게 못마땅하다는 말이다. 이는 이른바 '역차별'론으로 나아간다. 자신들을 "선행 차별에 대한 일종의 차별 비용"[2]을 감당해야 하는, 어떤 과도기에 놓인 피해자 혹은 희생자로 인식한다. "이미 피해자인데 또 피해를 감수하는 (…) 가중차별을 당한다는 정서인 것이다."[3]

2017년 고려대 학생들이 이용하는 익명게시판에서 다음과 같은 글이 화제가 되었다.

학벌주의가 심해졌으면 좋겠어요. 내가 어떻게 고대에 왔는데. 저는 학벌수의가 너 심해져서 SKY 출신이 더 대접받았으면 좋겠어요. 기업에서도 대학순으로 자르고, 연봉도 대학순서로 정해서. 저는 노력해서 고대에 왔으니, 과거에 노력하지 않았던 사람들은 좀 덜 대접받아도 되지 않나 싶어요. 저만의 생각인가요?

이에 대해 연구참여자들은 동의 여부와 별개로 '이해는 한다'는 반응을 보였다. 심지어 "어디 캠퍼스래?"라고 묻는 이도 있었다. 연구참여자들은 대학교 간판이 능력과 노력의 객관적·절대적 척도라는 입장에는 동의하지 않지만, 해당 발언을 한 고대생을 도덕적으로 비난하는 것은 위선이라고 생각한다. 또한 수능 점수와 그에 연동된 대학의 이름값은 누구나 동의할 수 있는 공정한 결과이며, 모든 능력을 대변하지 못하더라도 학벌주의 자체는 합리적이라고 생각한다.

극우 포퓰리즘의 징후

다문화정책과 이주노동자, 난민 문제 등에 대한 반감의 논리도 비슷하다. 20대의 이방인 혐오를 저들만 아니면 나의 모든 (경제적) 문제가 해결되리라는 망상에 따른 행태로 보는 시각이 있다. 지나치게 단순한 진단이다.* 연구참여자 대부분은 한국인의 세금으로 한국인이

---

* 의외로 연구참여자들은 지금 한국사회가 당면한 주요 문제들의 원인으로 이주노동자나 난민을 따로 언급하지 않았다. 연구참여자들은 모두 도시인이며, 한국의 대도시 생활자들은 이주노동자나 난민을 만나기 쉽지 않다는 점이 영향을 미

아닌 사람들을 지원하는 것을 마뜩잖게 여겼다. 난민 문제와 관련한 대화에서 특별히 인상 깊었던 발언은 "중동 사람들은 약았다"라는 말과 "일단 한국인의 문제가 더 중요하다"라는 말이었다. 둘 중 더 보편적인 생각은 후자일 것이다. 연구참여자 모두는 자국민을 최우선해서 보호해야 할 국가가 외국인에게 최소한의 혜택을 제공하는 데 거부감을 표했다. '우리'보다 못한 '그들'이 이렇다 할 노력 없이 '우리'와 다름없는 삶을 산다는 것을 쉽게 용납하지 못하는 모습이다.

앞서 비정규직의 정규직화를 공공성 회복의 측면에서 언급했지만 달리 보면 이런 조치는 일종의 통치술로도 기능한다. 요컨대 비정규직이라는 고용형태를 없애지 않고 생색만 냈다는 점에서, 기존 고용구조 안에서의 하석상대下石上臺에 불과하다는 것이다. 이는 오히려 노동의 분열과 분단을 부추긴다.

도처에서 목격되는 '우리'와 '그들'의 분리는 한국의 계급구조 변동에 따라 계급투쟁이 무력해진 상황에서 더욱 세분화되어 나타난다. 에릭 올린 라이트에 따르면 직접적 계급 이해관계 간의 갈등으로 분화되어 근본적 계급 이해관계로 조우하지 못하는 상황이며, 라클

쳤을지 모른다. 하지만 세계적으로 보면 이민자가 많은 지역에서 이방인에 더 포용적이며, 이들과의 정기적인 접촉이 편견을 줄인다는 연구 결과가 많다.[4] 이에 따른다면 무슬림이나 타인종에 대한 반감은 미디어가 유통하는 괴담·가짜뉴스를 막고 적절한 경험과 교육이 동반된다면 충분히 줄일 수 있는 문제다.

라우의 표현을 빌리면 이질적인 요구들이 서로 적대를 이루고 경합하는 상황이다.

한국인과 외국인, 남성과 여성, 재직자와 무직자, 정규직과 비정규직, 명문대 출신과 지방대 출신, 수도권 거주자와 지방 거주자, 성소수자와 비-성소수자 등의 복잡세밀한 구분선을 따라 인민들이 이리저리 나뉘어 있다. 인민들은 스스로 기꺼이 인정하는 그 구분의 구획 안에서 저마다의 불안을 대면한다. 제도권 정치 바깥에서, 카리스마로 충만한 새로운 인물이 등장하기 좋은 국면이다. 그가 구분선 너머의 사회적 약자들을 '그들'로 호명하는 적대의 기표를 내세우고, 그 기표 아래 거대한 '우리'가 결집한다. 극우 포퓰리즘은 그렇게 발원한다.

" 본래 권리란 사회적으로
힘이 없는 소수파에게
필요한 것이기 때문에
전체와 다수를 강조하는
포퓰리즘에서는 권리를
탐탁찮게 여긴다.
포퓰리즘 추종자는
다수파가 궁지에 몰려
있으며 국가가 소수파의
권리를 심각할 만큼
부정의한 방식으로
지켜주고 있다고 보기
때문에 자유주의적
의미의 권리에 대해 매우
부정적이다.

폴 태가트,
《포퓰리즘》, 2017.

"

오늘날 한국을 포함한 자본주의 선진국들이 당면한 우울한 전망이 있다. 현재의 20대, 즉 청년들이 그들의 부모보다 '가난할' 최초의 세대가 되리라는 예측이다. 계층 하강에 대한 우려는 청년세대가 겪고 있는 불안의 씨앗이다. 취업난과 고용 불안정은 그 씨앗을 실시간으로 자극한다. 요동치는 국제 정세, 지리멸렬한 국내 정치, 기후 위기, 주기적인 감염병 창궐은 그 불안의 끝이 틀림없는 파국임을 짐작게 한다.

　　나는 연구참여자들에게 미래를 전망해보기를 권하며, 구체적으로 20년 뒤 각자의 상황이 지금 부모 세대의 소득 수준과 비교해서 어떨지를 물었다. 연구참여자들은 하나같이 미래를 매우 비관했고, 이런 대답을 남겼다.

엄청 불안하지. 국민연금도 믿기 힘들고, 고령화 사회가 되면서 국가가 뭐라도 해줄 거란 기대도 없고. 이민 가고 싶은 생각도 있어.

우리 부모님이 나보다 특별히 잘났나? 그때는 그래도 대학 졸업하면 길이 있었지만 지금은 아니잖아. 오늘보다 내일이 나을 거라는 기대가 있었지만 지금은 없어 보여.

지금 벌고 있는 푼돈을 모아봤자 부모님이 모으신 것만큼은 절대 안 모이겠지. 어디 투자라도 해야 할까 싶지만 사실상 사행성과 다름없고. 이제는 큰돈을 모을 희망이 없어.

혼자 살면 괜찮겠지라고 생각은 하지만 내가 왜 그런 포기를 해야 되는지는 모르겠고, 앞으로 인구도 감소하고 기회도 줄어들 거라고 생각하면 확실히 노동자 입장에서 상황은 안 좋게 가는 것 같아. 통일이라도 하면 북한에서 뭐라도 할 수 있지 않을까라는 생각도 하고. 어쨌든 여기서 뭔가 좋은 방향으로 바뀌려면 뭔가 거대한 국면 전환이 필요할 것 같아. 그게 전쟁이 될 수도 있지.

극우보다 보수적인
중도

모두들 부모 세대와 비슷한 소득·자산 수준을 유지하는 것은 불가능하리라고 예상한다. 자신들은 얼마나 노력하든 앞 세대보다 가난할 것이며, 계층 하강이 불가피한 조건에 놓여 있다고 생각한다. 이것은 앞서 자신들의 정치 무관심을 합리화하고 강화하는 '내가 하기 나름'이라는 마음가짐과는 대치되는 것처럼 보인다.

하지만 이들은 분명히 보통 사람들의 개별적인 노력과 근면과 경제 행위를 압도하는 불가항력의 구조적 조건을 인지하며, 그 조건이 악화일로에 있다는 것도 알고 있다. 정권이 바뀐다고 해서 개선되리라는 기대도 없다. 이러한 악조건에서 가능한 생존전략은 체제에 기민하게 적응하되 앞으로 자신이 꾸릴 가족의 규모를 줄이는 것뿐이라고 믿고 있다. 동거인을 만드는 것조차 단념하는 경우도 있다. 이런 판국이니 구조적 조건을 바꾸는 것은 엄두도 못 낼 일이다. 조건에 자신의 행위들을 동기화하는 것 외에는 대안이 없다고 생각하기 때문이다. 그러면서도 모두는, 세상이 아무런 변화 없이 이대로 가는 게 가장 나쁜 선택지라는 데 동의한다.

이러한 동의는 몇몇 구조적 악조건을 완화하려는 민주당 정권에 이들이 갖는 불만과 얼핏 모순된다. 그러나 협소한 정치적 상상력이라는 변수를 염두에 두면 다른 해석이 가능하다. 앞서 밝힌 바와 같이 비정규직의 정규직화를 비롯해 공공성 회복을 명분으로 한 민주당 정권의 온건한 조처들이, 일각의 비판처럼 계급투쟁의 분열을 획책하는 것까지는 아니더라도, 일정하게 신자유주의적 통치술의 성격을 띤다는 것은 부정하기 어렵다. 연구참여자들의 불만은 이러한 한계와 맞닿은 것일 수 있다.

좌우 폭이 매우 좁다란 정치적 상상력의 공간을 그려보자. 중심에서 살짝만 왼쪽으로 가도 극단이다. 자유주의 집권 세력이 제자리걸음을 면치 못하는 까닭이기도 하다. 그런데 이것은 오히려 선명한 진보, 급진좌파 정치의 기회가 될 수 있다. 협소한 상상력의 공간을 완전히 벗어나서 구조적 문제를 직접 호명하는 담론을 선점하고 대중화한다면 연구참여자들을 포함한 보통 사람들, 인민에게 극단적인 것이 아니라 오히려 정치공학을 넘어선 '새로운 것'으로 받아들여질 수 있다는 말이다. 해외 몇몇 나라의 경우 극우파가 이런 시도를 통해 약진하고 있다. 마찬가지 이유로 극우 정치가 오히려 새로운 것으로서 인민에게 인기를 끄는 것이다. 요컨대 온건·중도 정치가 현상 유지에 매달리며 변화를 주저한다는 점에서 극우보다 더 보수적인 정파로 간주되는 상황이 온 것이다.

일자리 소멸 시대의
급진적 상상력

계층 하강과 미래에 대한 청년들의 불안을 체감케 하는 변화로 자동화를 들 수 있다. 2020년 미국 민주당 대선후보 경선에서 최초의 아시아계 후보로 나선 앤드루 양은 자동화를 선거의 핵심 이슈로 부각하며 군소후보로 출발했음에도 상당한 주목을 받았다. 그는 여러 인터뷰에서 "경선에서 내가 승리하거나, 다른 후보들이 나를 모방하거나 둘 중 하나의 시나리오만 실현될 것이다"라고 발언한 바 있다. 이는 이전까지는 자동화가 기술혁신과 생산력 발전을 주도하는 등 낙관적 미래의 상징이었던 반면, 이제는 자동화로 인해 사라졌고 사라지게 될 일자리 문제가 정치의 원탁에 올라왔음을 알리는 웅변이다. 앤드루 양은 "2000년 이후 미국에서 자동화로 인해 없어진 제조업 일자리만 벌써 약 400만 개"[1]라고 지적한다. 일자리 감소세는 더욱 가속화할 것이고, 사라지는 일자리의 대부분은 보통 사람들의 것이다.

연구참여자들은 생산력을 발전시킨다는 점에서 자동화를 긍정한다. 이들은 자동화가 문명사적 순리이며, 인위적으로 막을 수도 없다고 생각한다. 그러면서도 자동화와 일자리 감소의 상관관계는 인지하고 있으며, 앞으로 더욱 긴밀해질 것이라는 데 의견을 모은다.

무인 편의점, 무인 아이스크림 가게, 무인 오락실이 계속 생기고, 가게마다 키오스크가 설치되고, 아파트 경비도 경비 업체로 넘어가면서 경비 아저씨들 다 잘리고…. 그게 다 누군가의 일자리였다고 생각하면 아찔할 수밖에 없어.

내가 준비하고 있는 게 회계산데, 그렇게 자동화되는 일들이 주로 단순노동이라고 생각하면 아직은 안심해도 될까 싶지만, 지금 우리 눈에 보이는 건 빙산의 일각일 수 있으니까 불안을 놓을 수가 없지.

사람이 하기에는 어려운 일들 있잖아. 더럽고 위험한 일이라든가 신체에 무리가 가는 일. 그런 데는 필요하다고 봐. 그 외에는 부정적인 측면이 더 큰 것 같아. 기업 입장에선 좋겠지만, 규제는 있어야 된다고 생각해. 돈을 벌 수 있는 사람이 점점 줄어들면 다 망하는 거잖아. 인건비 줄여서 벌어들인 소득 일부를 더 과세해서 다른 일자리라도 만드는 게 좋지 않을까.

피할 수 없는 미래라고 생각은 하는데, 기계를 소유한 사람이 부를 다 가져가잖아. 이대로만 가면 빈부격차만 더 커질 거고. 인건비 줄인 만큼 물가가 더 내려가는 것도 아니고 부가 나눠지는 것도 아니고. 이건 좀 유토피아적인 생각 같기는 한데, 생각이 정리가 안 되지만 말을 해

기계의 일자리 잠식이 가속화하는 현상에 대해 20대들은 의외로 전향적인, 심지어 급진적인 생각을 들려준다.

보자면 기계로 부를 창출해서 더 큰 부로 만들고 분배하는 게 정부가 해야 할 일 아닌가 생각하는 거야.

마지막 발언을 듣고 그가 생각을 정리하는 걸 돕기 위해 힌트를 던졌다. 기계, 즉 생산수단을 국가가 소유해야 한다고 생각하는지 물었다. 그는 그렇다고 답했다. 그러면서 미래 사회는 공산주의로 가는 것 외에 다른 방법이 없을지도 모르겠다는 말을 덧붙였다.

나는 미래 자동화 사회에서 그래도 어떻게든 적응하고 살지 않을까 낙관적으로 생각하려고 하는 편이야. 국가적으로 생각을 해본다면, 기본소득이라도 나눠줘야 하겠지. 언젠가는 그 얘기가 진지하게 나올 수밖에 없어. 그렇다면 실현 가능 여부를 떠나서 찬성을 안 할 수가 없겠지.

연구참여자들은 자동화와 경제인구 감소의 상관관계가 자본주의 경제의 순환 구조에 근본적인 변화를 가져올 것이며, 우리 모두가 이 문제를 고민해야 할 때가 왔음을 이미 인지하고 있다. 고무적인 점은, 각자가 나름대로 고민하고 지향하는 사회의 방향이 상당히 진보적이라는 것이다. 누군가의 방안은 2020년 미국 민주당 대선후보 경선에서 버니 샌더스가 내세운 연방 일자리 정책을 연상케 하고, 아예 축적 체제를 급진적으로 바꾸는 것만이 답이라는 공산주의적 발상도 있었다. 위에 인용되었듯 기본소득을 이야기하기도 한다. 이는 보통 한국인들의 담론에서 미래 사회에 대한 상상과 기본소득 논의가 긴밀히 연결되어 있음을 보여준다. 또한 자기 살림살이의 향배와 직접 맞닿아 있는 문제에서는 앞서 자신들이 정치적으로 보수라고 밝힌 것과는 전혀 다르게, 진보좌파 정치에 전향적인 태도를 취한다는 것을 확인할 수 있다.

혐오와 분노의 속살

기본소득 의제에 거부감을 보이던 일부 연구참여자들도, 보수우파 진영의 기본소득 프레임에는 반감이 훨씬 덜한 것으로 나타났다. 우파 버전의 기본소득은 국가 규모를 줄임으로써 기본소득의 재원을 마련한다. 즉 기본소득을 분배하되 국가의 사회복지 재정을 대폭 축소하고 나머지 사회보장을 개인에게 일임하는 것이다. 좌파 버전의 기본소득은 불로소득·투기소득에 대한 엄격한 과세로 재원을 마련해 양극화를 극복하는 것이다.

우파 프레임을 먼저 소개한 다음 좌파 프레임을 설명하자 연구참여자들은 후자에 대해서도 어느 정도 마음을 여는 듯했다. 예컨대 자동화를 위한 인공지능 설계에 데이터가 원료로 투입되는데, 그 데이터의 생산자는 바로 우리 같은 보통 사람들이다. 그런데 사람들은 다양한 어플리케이션·플랫폼·인터넷 단말기 등을 이용하면서 기업들에 무수한 데이터를 제공하면서도 그에 대한 대가는 전혀 받지 못하는 부불노동unpaid labor을 하고 있다. 이런 사실에 비추어, 사람들이 데이터 착취로 막대한 이윤을 얻는 이들에게 최소한의 배당은 받아 마땅하다는 논리에 연구참여자들은 상당한 공감을 표했다. 그런가 하면 참여자 중 한 사람은 좀 더 좌파적인 견지에서 기본소득이 국민들을 소수 기업에 종속시킬 것이라는 반론을 펴기도 했다. 문제인 정권이 너무 싫어서 차기 대선에서 민주당 후보를 이길 수만 있다면 누가 되었건 그 사람을 찍겠다고 했던 이의 말이라는 점에서 더욱 흥미롭다.

연구참여자들과의 대화에서 미루어보건대 좌파적 기본소득에 대해 청년들은 이미 상당한 수준으로 동의하고 있다고 봐도 무방하다. 인간 노동력의 투입 없이 가치의 생산이 가능한 상황을 맞이하면서 '일하지 않으면 먹지도 말라'는 자본의 정언명령의 유효기간이 임박했음을 깨닫기 시작한 것이다. 이처럼 각자의 삶과 살림살이와 직접 맞닿아 있는 사회적 조건들에 대한 주체적인 사유를 주고받고, 약자를 향한 혐오의 표피를 걷어내어 그 심층을 들여다보면, 오늘날 한국의 20대 청년들이 현 집권 세력에 쏟아내는 불만과 분노가 사실은 한국사회에 대한 것임을 확인할 수 있다.

> **❝** 젊은 투표자들이 다음 선거에서는 민주주의 체제를 구원해줄지도 모르나 현 체제에 대한 그들의 불만이 아직은 모호하고 불확실한, 채 나타나지 않은 급진적 운동에 불을 붙일 가능성 또한 충분하다.
> 많은 나라에서 젊은이들은 노인들보다 급진적인 모습을 띤다. 그리고 정치적 극단주의에 대한 그들의 선호는 점점 늘고 있다.

야스차 뭉크,
《위험한 민주주의》, 2018.

99

연구참여자 가운데 2016년 촛불시위에 참가해본 사람은 딱 한 명이다. 물론 그를 포함해 연구참여자 전원은 당시 박근혜 탄핵과 정권 퇴진 요구에 동의했고, 지금도 변함이 없다. '차라리 박근혜가 더 나았다'라거나 '그때는 맞고 지금은 틀리다'라고 생각하는 사람은 없다. 이 사실만 보더라도 오늘날 '20대 현상'의 원인을 '보수화'로 진단할 수 없음은 분명하다. 다만 나는 여기서 촛불시위에 대한 입장을 기준으로 진보-보수를 가르려는 게 아니다. 그 반대다. 2016년 촛불의 성격은 과거의 사회운동과 달리 진보-보수, 좌파-우파의 스펙트럼 바깥에서 살펴야 한다. 2000년대 들어 벌어진 몇 차례의 대규모 대중시위는 새로운 운동 주체의 탄생을 알렸다. 나는 20세기의 사회운동과 21세기의 대중시위를 비교하고, 2008년 촛불시위와 2016년 촛불시위를 비교함으로써 한국사회에 새롭게 등장한 운동 주체의 성격을 규명할 수 있다고 본다. 이를 통해 오늘날 '20대 현상'이 보수화의 산물이 아니며, 오히려 20대의 대다수가 참여하고 동의한 2016년 촛불시위와 지금 '20대 현상'의 논리 구조가 쌍둥이처럼 닮았음을 밝히고자 한다.

20세기 대중운동의 감수성
숭고, 재현, 대의

사회학자 이진경은 한국 현대사에 기록된 몇몇 대중운동을 '집단적 감수성의 체제'라는 차원에서 네 가지로 분류한다. 숭고, 재현, 대의, 표현이 그것이다. 그에 따르면 이 네 가지 감수성의 체제는 "특이점들과 대중의 흐름이 맺는 관계의 양상"[1]이다. 여기서 특이점이란 "정치적 행동 양상을 끌어당기는 끌개attractor로 작동하고, 종종 '중심'이나 '특권적 대상'의 형태를 취하기도 하는"[2] 어떤 것이다. 이 개념은 (3장에서 설명한) 라클라우가 《포퓰리즘적 이성에 관하여》에서 언급한 헤게모니적 기표, 즉 인민 형성의 구심점과 이어 생각하면 이해가 쉬울 것이다.

1970-1980년대 대중정치운동의 근간이 되는 감수성은 숭고다. 1970년대 숭고의 계기는 노동자 전태일의 분신焚身이다. 그의 생애

는 '얼마나 힘들었으면'이라고 상상해보는 것조차 조심스러우며 이해하려고 아무리 애써도 감히 닿지 못하는 어떤 것이었다. 1980년대 숭고의 정치를 촉발한 것은 광주민주화운동이다. 이 또한 "탄압과 억압에 대항하여 싸우다 죽어간 사람들 (…) 분명 관념적으로 '이해'할 수 있는 것이긴 했지만, 사실 본질적으로는 죽어보지 않고선 결코 이해할 수 없는 무한의 거리 저편에 있는 것이었다".[3] 다시 말해 숭고란 인간의 표상체계와 감각기관의 척도를 완전히 넘어서는 어떤 힘이나 크기를 대면할 때 찾아오는 고통과 무기력 그리고 역설적으로 쾌감이며, 필멸 앞에서의 결연함과 그 결연을 가능하게 하는 꿈과 희망을 망라한다.

1987년 민주화 이후 이른바 '87년 체제'에서 일어난 대중운동의 집단적 감수성의 체제는 재현이다. 숭고의 정치는 사람들이 동일시할 어떤 대상을 갖지 않는다. 숭고의 정치에서 대중운동을 지탱하는 것은 어떤 이해관계나 의제가 아니라 결연한 의지 자체다. 반면 재현의 정치는 당대 시민이 바라는 바, 지향점을 표상하는 대상이 있다. 이는 '3김 정치'의 특징이기도 하다. 3김 가운데서도 김대중은 시민의 희망을 표상하는 특별한 존재로, 민주주의를 열망하는 사람들에게 하나의 기표이자 구심점이 되었다.

대의代議의 정치는 이 책에서 말하는 제도권 정치 혹은 '합법적 제도'와 다르지 않다. 재현의 정치에서 제도는 시민의 의지나 욕망을 관철하기 위한 필수조건이 아니다. 시위·집회 등의 수단을 통해 얼마든지 제도권 정치를 우회할 수 있다. 반면 대의의 정치는 '정치적인 것'이 아닌 '정치', 즉 치안의 영역에 속한다. 지성적이고 합리적인 토론과 협상을 근간으로 삼는다. 또한 "대의의 정치에서 대중은 통계적 다수성majority을 형성하는 하나의 원소일 뿐이고, 통계적 다수성 속에서 동질적인 의사를 가지고 있다고 간주되는"[4] 집단에 지나지 않는다.

1987년에 직선제가 쟁취되고, 대의의 정치는 잠시나마 열정적이고 적극적인 정치적 감수성을 수반했다. 김대중·김영삼 등 민주화운동의 표상들이 본격적으로 제도권 정치 무대에 오르자 재현의 정치와 대의의 정치가 포개지며 시너지를 일으킨 것이다. 또한 '민중후보' 백기완의 대선 출마, 진보정당 실험에 대한 기대도 컸다. 길거리와 광장에서 군홧발에 밟혔던 진보정치가 제도권 정치의 당당한 일원이 될 수 있다는 기대였다. 하지만 실험은 실패로 끝났다. 시민의 열망은 표 숫자로만 계산되는 "감정 없는 동일성, 감응이 제거된 '대결'이 있을 뿐"[5]이었다. 사람들의 관심과 열정은 오래가지 못했고, 투표율은 꾸준히 감소했다.

표현의 정치
2002-2008

2002년 이후 새로운 정치가 등장했다. "'하나의 흐름'으로서 대중"[6]이 주도하는 표현의 정치다. 표현의 정치는 그해 여름 한일 월드컵 기간에 벌어진 거대한 규모의 광장 응원에서 태동해, 같은 해 겨울 미군 장갑차에 압사당한 중학생들을 기리는 추모·반미 시위, 그리고 2004년 노무현 대통령 탄핵반대 시위로 전개되었다. 그리고 2008년 미국산 쇠고기 수입 반대 촛불시위가 벌어진 광장에서 대중은 명실 상부한 정치의 주체로 발돋움한다.

이때부터 대중운동은 "운동이라고 말하기엔 전혀 '진지하지' 않았고, 정치적이라고 말하기엔 너무나 비정치적"[7]이었다. 좌파의 일부는 이를 근거로 촛불시위를 폄훼하기도 했다. 아마도 1980년대 숭고의 집단 감수성으로 운동에 임하던 사람들에게는 낯선 풍경이었을 것이다. 미군 장갑차 피해 중학생 추모 시위의 동기는 숭고가 아니라 연민이었다. 노무현 탄핵반대 시위에 참가한 대중에게 노무현이라는 인물은 대의를 위해 자신을 던지는 '바보 노무현'으로, 그의 전임자이지만 '거인'으로 불린 김대중과는 어딘가 다른, 말하자면 '동료'로 다가온 인물이었다.

2008년 촛불시위를 지배한 정서는 결연함보다는 유쾌함이었으며, 이때부터 대중시위는 일종의 문화제, 축제의 분위기를 띠었다. 2008년의 대중은 자신들의 감정을 세상에 표출하려는 욕망을 갖고 시위에 임했다. 수많은 사람을 광장에 모이게 만든 특이점, 즉 헤게모니적 기표는 '식량주권'이라는 말로 압축된 미국산 쇠고기 수입 반대라는 의제였다. 그 밖에 당시 이명박 정부의 국정 운영에 대한 여러 불만과 요구가 함께했고, 이렇게 다양한 특이점들은 한곳에 종속되지 않은 채 "표현적인 독자성"[8]을 유지했다.

다만 바로 이와 같은 이유로, 즉 다양하고 이질적인 특이점들이 저마다의 독자성을 유지했기 때문에, 모두가 한데 수렴하는 순간은 길지 않고 분산적이다. 따라서 내외부적 변화나 자극에 의해 결집이 와해되기도 쉽다. 그럼에도 표현의 정치가 과거의 정치 양상에 견줘 갖는 강점은 분명하다. 그것은 숭고-재현의 정치가 대의의 정치로 이행하면서 '거세된' 정치적 열정이 다시금 표출될 수 있는 공간을 마련해준다는 점이다.

표현의 정치는 또한 파편화한 대중을, 각자의 독자성은 유지한 채 어떤 상징이나 표상 아래 한곳에 결집할 계기를 마련한다는 강점이 있다. 무겁지 않은 감정은 인터넷을 통해 쉽게 전염되고 반향을 일으킨다. 장갑차 압사 사건을 '미 제국주의 반대'라는 육중한 의제로 전개하려 한 '구좌파'의 시도에 대중은 반응하지 않았다. 그저 죽은 학생들을 거리에서 함께 추모하자는 "인터넷 상의 '가벼운' 제안이 대중의 흐름을 형성할 수 있었다."⁹ 노무현 탄핵반대 시위에 모인 사람들에는 성별과 노소와 계급의 구분이 없었다. 2008년 촛불시위의 참가자들을 거리로 나서게 만든 것 또한 어떤 이념이 아니라 표현하려는 욕망이었다.

2008년 촛불의 가장 큰 의의는, 형식상 지도부는 있을지언정 "시민의 자발적인 조직에 의해 발전했다는 점"에서 자생적인 "대중 정치의 새로운 전형"¹⁰을 제공했다는 것이다. 그로써 의회 정치, 제도권 정치에서 부재했던 인민의 목소리가 관철될 통로가 트이게 되었다. 바로 "비공식적인 거리와 사이버 공간"¹¹이다. 자유주의적 제도권 정치는 균일한 크기의 목소리들이 모여서 합리적 합의를 모색하는 공간이다. 하지만 모든 이의 목소리 톤과 크기가 균일할 수는 없다. 작은 목소리는 큰 목소리에 떠밀려 주변화하고, 합의되지 않는 갈등의 잉여로 남는다. 작은 목소리들 간의 갈등 역시 주변부로, 정치의 '구성적 외부'로 밀려난다. 반면 비공식적 거리와 사이버 공간은 제도권에서 합의되지 못한 갈등의 잉여가 지속적으로 공명할 자리를 마련하며, 그 주변부의 목소리들에게는 언제든 다시 중심부로 진입할 경로와 기회가 주어진다.

촛불의 이행
2008-2016

역사상 최대 규모의 동원으로 목표를 성공적으로 관철해낸 2016년 촛불시위는 대중 동원의 성격에서 2008년 촛불시위와 약간의 차이가 있다. 여기서는 2016년 촛불시위의 성격과 참여자들의 정체성을 분석해 2008년 촛불시위와 비교한 김은비의 연구[12]를 참고한다.

그에 따르면 2008년 촛불과 2016년 촛불의 가장 큰 차이는 주체의 성격에 있다. 2008년의 시민들이 촛불을 든 것은 식량주권 수호, 즉 "미국산 쇠고기 수입이 먹거리의 위협을 불러일으킨다고 생각하는 사람들의 모임이 집회의 발단이었다."[13] 미국산 쇠고기가 문제없다고 생각한 사람은 참여할 이유가 없었다. 교육 문제, 공공기업 민영화, 한미FTA 재협상 등 이명박 정부의 신자유주의 정책에 반대하는 목소리도 제기되었지만, 시위가 당파성을 띠거나 그렇게 보이는 것을 우려한 지도부와 참여자들은 식량주권 수호 외의 다른 목소리를 억누르거나 자제했다.

반면 2016년 촛불시위는 정치·사회·경제·문화·교육 등 사실상 사회 전방위에 걸쳐 "불만과 분노를 지닌 개인의 참여자들로 발생"했으며 "집회에 참여하는 원인도 동기도 각양각색이었다."[14] 2008년의 촛불이 그 시작부터 먹거리 안전에 대한 걱정이라는, 이른바 집합적 정체성을 공유한 참여자들의 단일대오였다면, 2016년의 촛불은 이질적 참여자들이 수십 차례의 대규모 집회를 거치며 반복된 상호작용 끝에 집합적 정체성이 형성된 것이다.

2016년 촛불시위의 동력은 어떤 사상이나 신념의 결연함이 아니었고, 특정 세력을 지지하는 당파성도 아니었다. 그것은 대중이 적극적으로 표출하고자 한 불만, 분노, 원한이었다. 또한 그해 촛불의 성격은 수평적이고 탈-집중적이었으며, 그 주체는 운동권·노동조합·정당·정치인 등의 지도부가 없는 개인들, 즉 '비-조직의 조직'이었다. 다만 탈-집중된 '비-조직의 조직'은 응집력을 발휘하는 시간이 길지 않다. 표현의 정치에서 느슨해지기 쉬운 응집을 고정·유지하는 것은 누적된 분노와 원한을 표출하고자 하는 욕망이자 "공감성에 기초한 '소통적 권력'"[15]이다.

물론 어떤 감정을 공유한다는 것만으로는 수백만 인파의 동원과 결집을 설명할 수 없다. 감정이 발하는 인력이 상이한 특이점들을 결집하는 동시에 충돌하는 특이점들이 서로를 쳐낼 수 있기 때문이다. 2016년에 광장과 거리를 덮은 인파 속의 개개인과 집단들이 가진 상이하고 모순된 정체성과 욕망, 의제들 또한 끊임없이 충돌했을 것이다.

그럼에도 불구하고 단일 구호 아래 나머지 목소리는 주변화-소거된 2008년의 촛불과 달리, 2016년의 촛불시위는 정치에 아무런 관심이 없던 사람들부터 청소년·대학생·노동자·지식인·주부는 물론 당시 집권여당의 지지자 일부까지 한데 모여 수개월 간 또렷한 결집과 굳건한 연대의 광경을 만들어냈다. 이것이 가능했던 이유는 복수의 특이점들 가운데서도 '박근혜 퇴진'이 특권을 가진 기표, 즉 헤게모니적 기표가 되어 다른 모든 특이점들의 구심이 되었기 때문이다. 덧붙여 극소수 친박 세력을 제외한 국민 대다수가 공유한 분노와 원한이 특이점들 간의 거리를 좁히는 끌개 역할을 했다. 요컨대 '박근혜 퇴진'이 헤게모니적 기표가 됨으로써 박근혜 정권(과 국정농단 세력) 대 인민이라는 대립 전선이 구축된 것이다.

2016 촛불과
20대 현상의 공통점

2016년 촛불시위의 지상목표는 '박근혜 퇴진'이었다. 거창한 사회변혁이나 혁명이 아니었다. 박근혜 정권이 시민들에 의해 전복되는 것은 당장 눈에 보이는 그림이었고 실현 가능한 약속이었다. 그랬기에 제각기 다른 정치 성향을 띤, 그토록 많은 사람이 그토록 오랫동안, 지치지도 반목하지도 않고 양보를 거듭하면서 한 공간에서 한 목소리를 낼 수 있었다. 반면 사회변혁은 추상적이다. 추상적 의제는 정치적·사회적 상상력이 빈약한 대중을 결집하기가 매우 어렵다. 만약 구체적이고 실현 가능하며, 어떤 모습일지 머릿속에 그려지는 프로그램을 내세웠더라면 촛불의 에너지를 사회변혁의 동력으로 전환시키는 게 가능했을지 모른다. 하지만 진보좌파 진영에게는 그것을 가능케 할 헤게모니 전략이 없었다. 일부에서는 민주당 등 자유주의 세력이 촛불의 소명을 박근혜 퇴진으로 국한시켰고, 집권 이후 이른바 '촛불정신'을 배반했다고 비판한다. 그러나 촛불은 처음부터 진보좌파의 것이 아니었다.

2016년 촛불시위에 대해 행정부의 수장만 갈아치웠을 뿐, 유의미한 사회변혁은 이뤄내지 못한 걸 비판하는 이도 적지 않다. 이들은 촛불을 "중간 계급의 관심사와 결부된 대중적 불만의 표현이었을 뿐"[16]이라며 폄하한다. 반면 철학자 진태원은 2016년 촛불시위를 포퓰리즘의 측면에서 바라보자고 제안한다. 지금까지 검토한 촛불의 성격으로 미루어보건대 가장 올바른 접근이라고 생각한다. 이와 함께 라클라우·무페의 포퓰리즘에 관한 비주류적 이론 또한 촛불의 인민 형성 과정을 규명하는 데 적절한 모델을 제공한다.

라클라우가 말한 인민의 근본적인 구성 요소로서 '요구'들은 에릭 올린 라이트가 구분한 직접적 계급 이해관계와 근본적 계급 이해관계 중 전자에 해당한다. 다만 요구들은 한데 모여 거대한 '인민적 요구'가 되는데, 이것을 근본적 계급 이해관계와 같다고 볼 수는 없

2016년 박근혜 정권 퇴진 촛불시위 현장. 이해 광장에 모였던 청년들의 상당수는 3년 뒤 '조국 규탄 집회'를 비롯한 반-문재인 정권 시위에도 참여했다. 이처럼 '우리'와 '그들'의 결집과 대립은 늘 유동적이며, '정치적인 것'의 성패는 헤게모니적 기표를 어떻게 전유할 것인가에 크게 좌우된다.

다. 근본적이라는 말이 시사하듯 이것은 계급의 선험적 정체성을 상정한다. 라클라우가 인민 형성의 최소 단위를 정체성이 아니라 요구로 설정한 이유가 있다. 정체성 역시 헤게모니적 접합(이질적 요구들의 일시적 결집)의 산물이기 때문이다. 인민적 요구는 상이하고 다양한 요구들의 등가적 관계(주고받음)의 연쇄에 따른 헤게모니적 접합 양상에 따르므로 맥락의존적이며 가변적이다. 반면 근본적 계급 이해관계는 처음부터 주어진 것으로서 계급 정체성에 근거하며 비역사적이고 본질주의적이다.

다시 말해 2016년 촛불시위는 계급 정체성으로 무장한 사람들이 시작한 시위가 아니다. 시위 참여자들의 정체성은 정해져 있지 않았다. 다만 저마다의 요구와 욕구들이 한데 모여 거대한 세력을 형성한 것이다. 최저시급 인상을 바라는 경제적 요구, 민주주의의 회복을 바라고 진보정당 억압을 규탄하는 정치적 요구, 노동자 권리와 소수자 권리 개선을 외치는 사회적 요구, 세월호 참사의 진상규명 요구, 보수정당의 역사에 지우기 힘든 먹칠을 한 것에 책임을 묻는 요구, 국정농단의 책임을 묻는 요구 등 다양하면서 때로 상충하는 요구들이 모여 등가적 연쇄를 형성했다.

등가적 연쇄가 장기간 지속할 수 있었던 것은 모두가 동의하는 한두 개의 요구 아래 결집하고 연대했기 때문이다. 비선실세가 저지른 국정농단의 책임을 묻는 요구와 세월호 참사의 책임을 묻는 요구가 그것이다. '박근혜 퇴진'과 '적폐청산'이 그 요구들의 상징으로 내세워졌다. 이것이 2016년 촛불시위의 헤게모니적 기표였으며, 이 기표를 근간으로 다양한 촛불 블록들의 헤게모니적 접합이 이루어졌다.

20대를 결집하는 텅 빈 기표 "공정하지 않다"

2016년 촛불시위와 '20대 현상'은 헤게모니적 접합에 따른 '우리'와 '그들'의 분리, 그리고 헤게모니적 기표 아래의 응집이라는 동일한 논리를 갖고 있다. 20대 안에서 남성과 여성은 서로 다른 요구들을 갖고 있고, 그 요구들은 자주 충돌한다. 특히 20대 남성에게는 여성이 '그들'일 때가 많다. 그럼에도 외국인, 난민, 이주노동자, 비정규직 노동자 등 사회적 약자로 칭해지는 사람들 앞에서는 세대 내 갈등을 제쳐두고 '우리'로 뭉친다. 이때 '우리'가 맞서는 '그들'은 저 사회적 약자들이기도 하지만, '그들'을 더 챙기면서 '우리'에게 역차별을 가하는 문재인 정부와 민주당 역시 '그들'이 된다. 맥락에 따라, 자신들에게 부당한 양보를 강요하는 기성세대가 '그들'이 되기도 한다. 20대 안에서 남녀는 물론이고 같은 성별끼리도 서로 다른 요구를 갖고 있지만 특정 국면마다 이들을 거대한 반-정권의 전선에 서게 만드는 헤게모니적 기표가 '공정하지 않다'라는 명제다. 미래에 대한 만성적인 불안, (정부 및 제도권 정치를 향한 분노에 가려져 있는) 한국사회의 현주소에 대해 갖는 불만이 그 결집의 접착제가 된다.

'공정하지 않다'라는 명제에서 '공정'이란 과연 무엇인지는 명확하지 않다. 공정은 속이 빈 기표다. 따라서 '공정하지 않다'라는 명제도 공허하다. 커뮤니케이션 학자 김정희원이 날카롭게 지적하듯, 오늘날 공정이라는 말은 일종의 '무기가 되어weaponization'[17] 모든 사안에 관련한 건전한 토론과 숙의를 차단하고 '그들'의 배제와 '우리'의 투쟁을 성역화하는 데만 쓰인다. 알맹이가 없는 기표로서 공정은 그 자체로 말해주는 바가 없고 해석에 열려 있으며, 따라서 특정 정치 세력에게 전유되기 쉽다. 현재 이 기표는 냉전보수 세력이 전유한 상태로, 그들의 해석에 청년들이 스스로를 동기화하고 있다. 바꿔 말하면 진보좌파 역시 이 기표를 전유할 수 있다. 결국 어떻게 전유할 것인가를 고민하는 것이 바로 헤게모니 전략의 구상일 테다.

”

라클라우의 포퓰리즘 모델로 돌아가서, 고립된 채 관철되지 못한 개별적 요구들의 축적에 따른 등가적 연쇄와 인민의 형성에 대하여, 이것이 어떻게 현실화되고 실천으로 이어지는가에 관한 논의를 보태고자 한다. 시간이 흐른다고 해서 반드시 등가적 연쇄가 자연스럽게 발생한다는 보장은 없기 때문이다.

나는 물리학자 필립 앤더슨Philip Anderson의 "많아지면 달라진다more is different"라는 잠언에 착안하여, 복잡계 이론의 기본으로부터 실마리를 찾을 것을 제안하고자 한다. 경계가 정해진 공간 안에 어떤 것이 무수히 증가할 때, 그 어떤 것들을 포함한 공간의 성격이 달라지는 현상을 가리켜 '상전이'라고 한다. 이론생물학자 스튜어트 카우프만Stuart A. Kauffman은 간단한 실험을 통해 상전이의 원리를 보여준다. 수백 개의 단추를 흩뜨린 다음 눈을 감고 무작위로 집어든

두 개의 단추를 실로 묶는다. 같은 방식으로 두 개의 단추를 실로 묶기를 반복한다. 이 과정을 반복하다보면 하나의 단추가 여러 개의 다른 단추에 겹쳐 묶이기도 한다. 중복 연결된 단추가 또 다른 중복 연결 단추와 묶이면 큰 단추 덩어리가 된다. 이 과정이 더 반복되면 어느 순간 거대한 덩어리가 형성된다.[1] 이 실험에서 단추들은 실험자의 손에 들리기를 수동적으로 기다리지만, 실재에서는 개개의 부분들이 힘을 잃지 않고 부단한 섭동을 유지해야만 임계점을 통과해 새로운 무엇이 될 수 있다.

섭동의 나비효과

섭동攝動, perturbation은 본래 천문학 용어다. 천체 궤도의 거대한 변화를 부르는 행성 인력의 미세한 변화를 가리킨다. 기상학자 에드워드 로렌츠Edward N. Lorenz는 이것을 나비효과에 비유했다. 1950년대에 그는 컴퓨터로 기상을 예측하고자 소수점 세 자리수의 초깃값을 입력하고 결과를 기다렸다. 여유롭게 차 한 잔 하고 돌아온 그는 전혀 예상하지 못한 결과가 출력된 사실에 놀랐다. 컴퓨터에는 전혀 문제가 없었다. 알고 보니 컴퓨터는 소수점 세 자리가 아닌 여섯 자리까지 계산한 것으로 밝혀졌다. 로렌츠가 신경 쓰지 못한 미세한 변화가 결과 값에 거대한 변화를 몰고 온 원인이었다.

이와 관련해 20세기 철학자 루이 알튀세르Louis Althusser가 말년에 남긴 '마주침의 유물론'에 관한 글을 참고할 만하다. 그가 쓰기를, "철학사 속에 거의 완전히 진가를 인정받지 못한 유물론적 전통 하나가 실존한다. 비의, 편의의, 마주침의, 응고의 유물론이 말이다".[2] 편의偏倚, déviation란 쉽게 말해 일탈, 탈선을 의미한다. 편의라는 말의 철학적 기원은 에피쿠로스 원자론의 클리나멘Clinamen이다. 클리나멘은 원자의 (비가 내리는 것과 같은) 수직강하 운동에 조금씩 탈선을 일으키는 어떤 힘을 가리킨다. 원자의 강하 운동과 탈선에는 아무런 원인도 목적도 없다. 그리고 섭동과 그에 따른 무한한 마주침의 반복으로부터 특정한 응고가 일어난다. 알튀세르에 따르면, 우리가 처음부터 주어진 것으로 당연하게 여기고 있는 모든 개념 — 국가·사회·계급·정체성 등 — 은 모두 이러한 우연한 마주침들이 응고된 결과물이다. 그리고 우연한 응고의 산물로서 이 모든 것이 언제든 다시 "이해 가능한 목적이 없이, 언제든 변할 수 있다는 것이다".[3]

아주 미세한 빗겨남, 이탈은 알아차리지도 못할 만큼 사소하다. 그러나 그로 인한 마주침들은 상호 축적-연결되며 연쇄 반응을 일으키고 역사의 전 궤적에 걸쳐 변화를 불러온다. 나비효과다. 특별할 것 없는 보통의 개개인들이 일상에서 경험하는 최소한의 일탈이 사회를 근간부터 뒤흔드는 원인이 될 수 있다는 것이다. 마르크스주의

도시이론가 앤디 메리필드Andy Merrifield는 이러한 식으로 마주침이 가져온 21세기의 세계사적 사건이자 정치적 표현으로 월가점령시위과 아랍의 봄을 꼽는다.[4]

메리필드의 말대로 2008년 세계 금융위기 이후 청년 미국인들은 트위터·페이스북 등 소셜미디어를 통해 하나둘 자신들의 불만을 표현하며 교감했고, 그것이 '이러다 정말 망한다'는 커다란 동의로 모이면서 길거리와 광장으로 쏟아져 나오기 시작했다. "그 자체로는 어떤 주관도 없는 과정"[5]이었던 것이 월가점령시위다.

많으면 달라진다

급진적 마주침과 대중의 자연발생적 조직화의 조건은 일상의 사소한 데서부터 행하는 일탈, 즉 '일상의 변용'이다. 이것은 문화적 표피를 띠지만 사실은 금융화된 오늘날의 일상생활에서 등장할 수 있는 급진적 문화정치의 한 형태다. "그람시의 '헤게모니'가 형성되는 삶의 구조가 바로 이러한 일상의 구조이며, 동시에 전체주의와 파시즘이 공존하는 공간이 바로 이 '일상'"[6]이기 때문이다. 특히 오늘날과 같이 헤게모니에 균열이 일어나는 포퓰리즘의 계기에는, 즉 여태껏 익숙하게 적용해온 사고방식으로 자신에게 닥친 문제들의 해결이 불가능한 때는, 새로운 삶의 방식을 고민하고 시도하는 것이 가장 효과적이며 어쩌면 유일한 저항의 방법일 수 있다.

'새로운 방식'이란 무에서 창조되는 어떤 것이 아니다. 삶 자체가 투쟁이 되는 사람들에게 자유주의-극우의 박스권에 갇힌 정치는 자신들의 삶을 개선해주리라 기대할 수 있는 대상이 아니다. 그들의 불만과 요구사항이 제도권 정치에 관철될 통로는 없으며, 자신들끼리 소통할 공간도 부재한다. 결국 남은 방법은, 정해져 있던 삶의 궤적에서 조금씩 이탈해 일상의 맹점에 위치한, 비슷한 불만을 공유하는 다른 사람들과의 우연한 조우를 도모하는 것이다.

유의할 것이 있다. 앞서 예로 든 상전이와 편의, 클리나멘 등에서 유추해낸 '일상의 변용'의 혁명성은 매우 큰 스케일의 기나긴 시간을 전제로 한다. 이 문제를 짚고 넘어가지 않으면 일상의 변용이라든가 마주침의 정치라든가 하는 이야기들이 공허한 지적 유희에 그칠 수 있다.

이에 관련해 언론학자이자 IT 전문가 클레이 셔키Clay Shirky의 논의가 좋은 통찰을 제공한다. 셔키는 노동시간이 감소하고 수명이 증가하고 고등 교육을 받은 인구가 늘어나게 되면서 과거에 비해 현저히 증가한 여가의 총합을 하나의 집합체로 상상하고 그것을 '인지 잉여cognitive surplus'로 개념화한다. 여가의 대부분을 텔레비전 시청에 쓴다고 가정했을 때, "전체 미국인이 1년 동안 텔레비전 시청에 쓰는 시간은 대략 2000억 시간이다".[7] 셔키가 이 이야기를 한 것이 10년 전이니 지금은 텔레비전보다 스마트폰 화면을 응시하는 시간이 더 많을 것이다. 그렇다면 오히려 기존의 여가 외에 업무를 보면서도 이따금 스마트폰을 보는 자투리 시간까지 더하면 2000억 시간보다 훨씬 커질 테다. 셔키에 따르면 전 세계인의 한 해 여가를 모두 더하면 약 1조 시간에 달한다.

셔키는 이러한 무한에 가까운 인지 잉여에서 무한한 가능성을 포착하고자 한다. 개개인이 자신의 여가 중 단 5분만이라도 떼어내 아무런 금전적 대가를 바라지 않고 무언가에 투자한다고 가정하자. 전 세계적으로 연결되고 누적된 그 시간의 총합은 하루에만 수억 시간에 이른다. 이렇게 무한한 여가의 총합 중 극히 일부가 투자-축적되어 탄생한 집단 창작물 중 하나가 300여 개의 언어로 작성된 세계 최대의 인터넷 백과사전 위키피디아다. 셔키에 따르면 여가의 1%만 들여도 1년에 100개 이상의 위키피디아가 만들어질 수 있다. 위키피디아에 처음 방문한 사람이 보기에는 도대체 누가 그렇게 많은 시간을 들여 그 많은 정보와 지식을 입력하고 수정하는지 궁금할 것이다. 아무런 대가도 없는데 자기 시간을 써가며 그렇게 방대한 작업을 한다는 게 쉽게 와닿지 않을 것이다. 하지만 그 끝을 알 수 없는 양의 백과사전 데이터는 참여자 개개인들의 여가 중 극히 일부가 모이고 모여 만들어낸 것이다.

비-조직의 조직화

위키피디아는 '많아지면 달라진다'는 잠언이 커뮤니케이션 수단, 특히 인터넷의 비약적 발전으로 현실화된 사례다. 셔키는 '많아지면 달라진다'의 또 다른 예로 카메라의 경량화 및 대량생산과 매우 쉬워진 사진 공유를 든다. 이는 사회적으로 의미 있는 어떤 사건이 발생했을 때, 누군가가 그 순간 그 현장을 촬영할 가능성이 과거와 비교할 수 없을 만큼 커졌다는 걸 뜻한다. 개개인의 스마트폰마다 고화질 카메라가 달려 있는 지금은 더 말할 것도 없다. 우연히 사건을 촬영한 사람이 사진이나 영상을 별 생각 없이 인터넷에 공유하는 것만으로도 사회에 커다란 파장을 일으킬 수 있다.

이로써 사람들이 점차 깨닫기 시작한 것이 있다. 사회운동, 정치운동과 같이 사회에 영향력을 행사하는 활동에 요구되는 비용과 시간이 과거에 비해 현저히 감소했다는 사실이다. 과거의 사회운동은 많은 것을 희생하고 포기해야 했던 숭고의 정치였다. 비장하고 투쟁적이며 희생정신으로 무장한 엘리트, 주로 대학생들이 지도부를 형성해 운동을 이끌었다. 그러나 희생이 요구되는 운동은 '무임승차' 문제를 피할 수 없다. 소수 지도부를 중심으로 시작한 운동의 초기는 얻는 것보다 잃는 것이 훨씬 크다. 세력의 결집이 무르익지 않은 탓에 당국의 공작에 취약하며, 따라서 대중 운동으로 확대되기 전에 붙

씨가 꺼지기 쉽다. 그 과정에서 지도부는 많은 것을 잃는다. 하지만 운동이 어떤 임계를 넘는 데 성공해 일정한 세력을 갖춘 다음부터는 얻는 것이 커진다. 참여자들의 리스크도 훨씬 줄어든다. 문제는 대다수가 이 단계에 이르러서야 운동에 참여하려고 한다는 점이다.

　인지 잉여와 커뮤니케이션 기술의 마법은 이런 상황을 바꿨다. 이제는 특별한 희생 없이, 약간의 시간과 노력만으로도 사회적으로 의미가 큰 일에 적잖은 힘을 보태는 사례가 여러 곳에서 목격되고 있다. 때마침 클레이 셔키는 그의 책에서 한 챕터를 할애해 2008년 한국의 촛불시위를 소개한다. 그는 촛불시위 참가자 중에서 여학생의 비중이 높았다는 사실에 주목하며 "동방신기 때문에 이곳에 나왔어요"[8]라고 한 13세 여학생의 말을 소개한다. 아이돌그룹 동방신기의 팬사이트에서 10대 팬들은 평범한 일상을 나누고 있었다. 그러던 중 우연히 미국산 쇠고기 수입 소식을 접하고, 어쩌다가 광우병 관련 뉴스를 전해 듣고, 누군가는 그런 이야기를 팬사이트에서 친구들과 함께 나누었다. 이런 우연한 마주침들이 누적되고 연결되며 공동의 행동으로 이어진 것이다.

　2016년 촛불시위도 마찬가지로 결연함, 희생, 숭고와는 거리가 멀었다. 시위 참가자들은 아무런 부담 없이 그들 각자의 불만을 표현하기 위해 거리로 나왔다. 매일같이 광장에 나선 사람도 있겠지만 대부분은 주 1회, 여가 중 두세 시간을 들여 광장과 거리에서 구호를

외친 사람들이었을 것이다. 커뮤니케이션과 소셜미디어의 발전은 더 많은 사람들을 더 효과적으로 동원할 수 있었고, 2000년대 이후 광화문 광장이 인민의 대중정치 공간으로 거듭나면서 그들의 마주침은 더 효율적으로 이루어질 수 있었다.

아랍의 봄, 월가 점령, 한국의 촛불시위는 우발적 마주침들이 한데 모여 연대하되 단일한 덩어리로 고정되지는 않는 '비-조직의 조직화' 운동이었다. 비-조직의 조직화는 아주 많은 수의 사람과 많은 시간의 총합을 전제해야 한다. 경제학자 로널드 코스Ronald H. Coase의 조직 이론을 참고할 만하다. 그에 따르면 어떤 조직이 지향하는 목표와 성취의 기대이익이 관리비용보다 낮으면 그 조직은 존속할 수 없다. 따라서 관리비용을 낮추고 효율성을 높이기 위해 조직 내 위계와 관료주의가 형성된다. 그런데 그렇게 효율적으로 돌아가면서 성장하던 조직이 어느 수준 이상으로 방대해지면 역설적으로 그 조직의 관리비용이 기대이익보다 커져서 성장을 지속할 수 없게 된다.

이와 반대로, 커뮤니케이션 수단의 비약적인 발전에 힘입어 관리비용이 폭락하는 순간이 오면 관료제와 위계질서는 관리의 효율성을 방해하는 요소가 된다. 관리비용의 폭락은 이중의 효과를 야기한다. 한편으로는 기대이익이 낮은 탓에 손해를 감수하고 실천으로 옮기기 어려웠던 다양한 활동이 가능해지며, 다른 한편으로는 "관리자의 지위 없이, 이익이라는 동기를 초월해 활동하는, 구조가 느슨한 그룹들의 활동"[9]이 나타난다. 두 효과의 공통점은 아마추어주의가 전문가적 영역의 경계를 침범하고 무너뜨린다는 것이다.

'새로운 인물'의 역설

오늘날 전례 없는 헤게모니의 균열에 대한 철학적 고찰을 대중강연에서 풀어내고 있는 슬라보예 지젝은 당면 과제를 고민하고 해결할 주체로서 이른바 '전문가 집단'의 역할에 의구심을 표했다. 그가 지적하듯 전문가는 전문 지식을 동원해 주어진 문제의 해답을 찾는 사람이다. 하지만 지금은 문제 자체를 재설정하는, 전문가 이상의 존재로서 지식인의 역할이 어느 때보다도 요구된다. 앞서 말한 아마추어주의란, 전문가주의의 전 단계가 아니라 오히려 지젝이 지향하는 바의 지식인을 포괄하는 더 넓은 개념에 가깝다.

　헤게모니에 균열이 일어나는 시기에 전문가주의는 새로운 사회의 상상과 위기 극복에 장애물이 된다. 일상적인 마주침들의 무한한 정치적 잠재력에 기대감을 표한 앤디 메리필드가 지적하듯 "전문가들은 자신이 안다고 생각하는 것에 대해 단언하며, 절대로 전문화된 영역의 안전지대 밖으로 나오지 않는다 (…) 전문가들의 관심은 안전

추구다".[10] 반면 아마추어는 위키피디아와 같이, 대가를 바라지 않고 단순히 그것이 좋아서 기꺼이 여가의 일부를 투자하고 타인과 연결하는 사람들이다. 이들은 이해관계에 얽매이지 않고, 전문영역들 간의 상호침투를 두려워 할 이유가 없다.

클레이 셔키에 따르면 인쇄술 발명 이래 커뮤니케이션 기술의 발전은 '대중의 전문가화'가 아니라 '대중의 아마추어화'를 초래했다. 언론사에 취직한 기자가 쓰고 데스크를 거쳐 출고된 신문 대신, 보통 사람들이 실시간으로 정보를 공유할 수 있는 플랫폼이 등장하면서 전문가로서 기자의 경계가 무너지기 시작한 것은 아마추어화 현상의 일례다. 아마추어화 현상은 전문가에 대한 불신과 맞물린다. 한국을 포함한 세계 각국에서 기성 언론에 대한 신뢰도는 가파른 하락세에 있다. 언론인, 평론가, 전문가의 역할을 아마추어 유튜버, 블로거 등이 자처하며 엘리트-전문가 집단의 하향식 의제 설정에 저항하고 있다.

세계적 현상인 반-전문가주의와 아마추어주의를 염두에 두면, 한국의 20대 청년들, 그리고 이 책의 연구참여자들에게서 확인되는 전문가 이미지가 강한 정치인에 대한 막연한 동경을 어떻게 봐야 할지 의문이 들 것이다. 그러나 이것은 자신이 듣고 싶은 이야기를 해주는 전문가의 허상에 대한 동경이자, 한편으로는 이른바 '정치 전문가'에 대한 거부감의 발현이라고 해석할 수 있다. '여의도 셈법'으로 불리는 선거 전문가들의 정치공학에만 매몰된 기성 정치권의 밖에서 새로운 인물을 모색하는 시도인 셈이다.

보통 사람들이 상상하는 정치권 바깥의 새로운 인물군은, 아직은 각자의 전문 분야에서 두각을 드러낸 유명인에 머물러 있다. 따라서 현재 보통 사람들의 '새로운 인물' 희구는 일견 전문가주의로 보이지만 실제는 협소한 정치적 상상력의 반-전문가주의라고 함이 더 정확할 것이다.

자유주의 정치의 한계

인터넷 공간이든 현실 공간이든 다양한 플랫폼을 경유한 아마추어들의 활발한 움직임은 자유주의 정치의 한계를 뛰어넘으려는 시도다. 샹탈 무페가 강조했듯이, 자유주의 정치관은 정치 주체의 모델을 추상적인 인간으로 상정하고 정치를 개인적 권리의 옹호로 축소하며, 평등한 인격체들 간의 합리적이고 평화적인 합의로써 정의의 정초定礎가 가능하다고 본다. 유토피아적 발상이다. 이 자유주의 정치관에서 정치는 치안과 같다. 불화와 갈등을 평화적인 합의에 묶는 시도라는 점에서 그렇다. 하지만 무페가 말하듯 "현대 민주주의에서 정의의 문제는 반드시 영속적이고 미해결된 물음으로 남아 있을 수

밖에 없다".[11]

자유주의는 치안 이상의 정치, 즉 정치적인 것을 사고하는 데 무능력하다. 정치적인 것이란 공적 이익과 정의의 궁극적인 일치, 합일이 불가능함을 가리키며, 불화의 영속적 실천이자 정치 공동체의 최종적 통일의 불가능성이다. 합의와 질서에 포섭되지 않는 불화의 잉여, 요구와 갈등의 잉여는 주변화된 채로 언제 어디에나 있지만 자유주의는 이를 인지하는 데서조차 한계를 드러낸다.

이렇게 주변화환 존재들을 '그들'로 배제하면서, 배제되지 않은 '우리'를 형성한다. 즉 '그들'이 있어야만 '우리'가 가능하다. 배제가 전제되어야 가능한 구성이 있을 때, 구성을 위해 배제되는 것을 '구성적 외부'라고 한다. 자유주의는 "배제된 집단들을 포함하려면 권리들의 영역을 확장할 필요가 있다는 것에 동의하면서도, 그 과정을 시민권 안으로의 점진적인 포섭이라는 평탄한 과정으로 본다".[12] 그러나 이러한 점진적인 포섭조차 또 다른 구성적 외부의 생성을 전제로 한다.

포괄과 배제로 '우리'와 '그들'을 구성하는 메커니즘의 최소 단위는 '요구'다. 그런데 자유주의자들은 대개 이 최소 단위를 '정체성'으로 상정한다. 이 점에서 그들의 한계가 뚜렷해진다. 헤게모니적 접합의 산물로서가 아닌, 주어지고 정해진 것으로서 정체성을 근간으로 뭉친 두 집단이 서로 적대한다고 가정할 때, 그 적대의 성격은 제로 섬 게임이며 둘 중 한쪽이 절멸되어야만 끝이 난다. 자유주의자들이 정체성 정치를 근거로 20대 현상을 논의할 때 봉착하는 문제가 바로 이것이다.

자유주의적 비평은 대체로 20대 남성의 반-자유주의적 언동을 역사적 반동으로 일축하고 자유주의적 가치의 회복이 유일한 처방인 양 논의를 종결한다. 천관율의 연구에서처럼 '남성 정체성'이 문제라는 진단은 "사회적 행위자를 일원적인 주체로 이해하는 틀"[13]을 취하는 자유주의적 주체관의 한계를 드러낸다. 정체성 정치로 진단한 문제는 또 다른 정체성 정치를 요청하며, 이것은 궁극적으로 미결로 남은 채 불화를 거듭한다. 최종적 합의에 닿을 수 없는 불화를 인지하지 못하는 자유주의자들은 끝없는 반목에 당혹스러워할 뿐이며, 결국에는 한쪽을 상종 못할 혐오세력으로 단정하는 것으로 논의를 종결한다. 이것은 다시 극우적 의제의 알리바이가 된다.

이렇게 봤을 때, 20대 현상은 포퓰리즘 현상이라는 것이 분명해진다. 혐오 언동을 일삼는 20대들에게 '너의 발언은 혐오 발언이다' '네가 말하는 건 공정이 아니다'라고 비난하는 데서 기대할 수 있는 효과는 없다. 이는 자유주의에 반감을 가진 사람에게 '당신은 반-자유주의적이다'라고 꾸짖는 셈이다. 즉 현상을 기술하는 것뿐이다. 이 경우 20대 현상이라는 문제를 개선하고 해결하기 위해 고려할 수 있는 대책은 자유주의적 가치를 회복하고 의식을 함양하는 것밖에 없다. 그게 아니라면, 사회구조가 개선되고 경제 사정이 더 좋아지고 살림살이가 좀 나아지면 괜찮아질까? 누구나 할 수 있는 무책임한 이야기며 현실성이 부족하다.

포퓰리즘의 주류 이론은 포퓰리즘을 정치·경제 체제가 원활히 작동하지 못할 때, 민주주의에 균열이 일어나고 특정 헤게모니가 자리를 잡지 못해 일종의 아노미 현상이 일어날 때, '인민에 직접 호소'하는 '카리스마 있는 지도자'의 '거짓 선동'에 대중이 휘둘리게 되는 퇴행이자 시급히 치료해야 하는 것으로 본다. 주류 이론을 따르면 포퓰리즘을 지양하기 위해 필요한 것은 기존 질서의 회복 아니면 부상하는 헤게모니의 빠른 정착이다. 하지만 정착할 헤게모니가 어떤 것인지에 대한 의견 합일은 요원한 일이고, 이른 시간 안에 가능한 일도 아니다.

무엇보다 애초에 기존 질서의 내적 한계에서 발현하는 포퓰리즘의 문제를 기존 질서의 회복으로 극복한다는 것은 어불성설이다. 그 기존 질서란 자유주의 헤게모니다. 자유주의의 본원적 한계는 정치적 행위의 기본 단위를 정체성으로 본다는 점이며, 그 다양한 정체성들 간의 평화적이고 합리적인 협력관계로 완전한 공동체가 가능하리라고 본다는 점이다. 하지만 정체성과 공동체 자체의 토대가 되는 배제된 존재가 있으며, 그들과의 적대 관계가 상존한다는 것을 자유주의는 애써 무시한다.

자유주의자가 아닌 전통적 좌파 진영도 20대에서부터 강하게 일어나는 포퓰리즘의 물결에 당혹스러워한다. 이들은 자본주의의 전 지구화가 한계에 다다르고 자본주의 발전의 최종 단계가 임박함에 따라 모든 것이 붕괴하는 순간이 도래하리라 기대한다. 세계 곳곳에서 일어나는 크고 작은 시위, 봉기가 하나의 거대한 노동계급 의제로 통합되는 메시아적 순간을 기다리지만, 그런 일은 일어나지 않는다. 오히려 노동조합 조직들은 매너리즘에 빠지면서, 사회변혁 주체로서의 노동계급이라는 관념이 시대착오적인 것으로 간주된다. 비정규직 투쟁에는 무관심에 가까운 태도를 보이거나 노동계급 내 분열을 획책하는 국가의 통치행위에 무기력한 모습으로 일관하게 된 것은, 대기업 정규직에서 영세 사업장의 비정규직과 실업자까지 노동계급 구조가 위계적으로 다원화됨에 따른 필연적 귀결이다.

이른바 계급의식의 회복과 함양이 답이 될 수 있을까? 그런 게 과연 실체가 있는 것인지도 의문이다. 게다가 20대들은 자신들의 사회적 위치, 계급적 처지를 아주 잘 알고 있다. 언제나 위태로운 자리에서 서로 간의 치열한 경쟁에 내몰린 이들이 보기에 이미 "안정적인 근로 계약은 특권을 가진 소수의 전유물"[14]이며, 정규직과 노동조합은 기득권의 일부와 다름없다. 이들은 기득권의 일부로 들어가기 위해 연대보다는 경쟁을 택하고, 경쟁보다는 자신보다 열등해 보이는 존재들을 적극적으로 배제하는 길을 택함으로써 한줌의 우위성을 확보하려 한다. 이렇게 확보한 우위를 공정성의 희구로 둔갑한다.

20대 현상의 오독

포퓰리즘은 비정상적이고 과도기적인 병리 현상이 아니다. 라클라우의 포퓰리즘 모델의 핵심 논리인 '우리'와 '그들'의 적대와 경합은 항시적인 것이자 정치의 본질이다. 포퓰리즘의 흔한 현상인 반-엘리트주의와 혐오는 '우리'와 '그들'의 가변적 구성의 산물이다. '우리'는 민족이 될 수도 있고, 시민이 될 수도 있고, 노동계급이 될 수도 있다. 따라서 포퓰리즘은 치유해야 할 질병으로 취급할 것이 아니라 헤게모니 전략으로 접근해야 한다. 현재 한국의 포퓰리즘 계기, 즉 "빠르게 증가하는 불만족스러운 요구들로 인해, 정치적 혹은 사회경제적 전환에 대한 압박에 처한 지배 헤게모니가 불안정해진 때"[15]는 당면 문제들에 대한 새로운 시각 및 접근을 요청한다.

연구참여자들의 발언에서 확인할 수 있듯이, 보통 사람들 개개인의 개별적인 경제행위와 능력과 의지를 압도적으로 위협하는 불가항력의 객관적 조건들이 날것 그대로 노출되기 시작했다. 그에 따라 지난 20년 가까이 한국사회를 지배한 '노력 담론'은 허상이라는 것이 명백하게 드러났다. 대학 졸업을 앞두고 취직을 고민하는 사람은 물론, 이미 취직해서 안정적인 일자리를 확보한 청년들마저도 기성 체제에 안착할 수 있으리라는 확신을 갖지 못하고 항상 '몰락에 대한 불안'[16]을 갖고 살아가게 되었다. 그 몰락이란 시민으로서의 평범한 삶, 가정을 이루고 직장을 다니는 삶을 쟁취하지 못한 채 비-시민으로, '그들'로 탈락한다는 것을 가리킨다. 그래서 자기들끼리 어떻게든 배제하고 밟고 일어설 만한 '그들'을 만들어서 상상의 우위와 안정을 취할 수 있는 '우리'로 모여든다.

이렇게 형성된 '우리'는 이전까지의 학문적, 비평적 시각으로는 그 성격을 규명하기 힘든 새로운 정치 주체다. 일단 그 성격은 국면마다 달라진다. 시시각각 변화하는 정치 주체의 형성은 커뮤니케이션 수단의 비약적인 발전에 힘입어 가능해졌다. 인터넷 커뮤니티, 소셜미디어, 익명게시판 및 단톡방 등에서 가볍게 올리고 공유하는 신변잡기, 시시콜콜한 수다, 그때그때의 감정 표현 등이 짧은 시간 안에 무수히 누적되면서 등가 관계가 만들어진다. 이러한 등가 관계 안에서 하나의 기표가 헤게모니를 얻으면 그것을 중심으로 갑자기 커다란 세력이 형성된다. 우연한 마주침들로 인해 갑자기 불현듯 나타나는 세력인 만큼 갑자기 뚜렷한 이유 없이 와해되기도 쉽다. 하지만 한계를 짐작하기 어려운 그 세력의 모멘텀은 기업을 움직이기도 하고, 당국을 움직이기도 하고, 정부를 움직이기도 하고 끌어내리기도 한다.

이들이 적대하는 대상은 긴 시간 고정되지 않고 계속 바뀌며, 적대 대상에 따라 '우리'의 구성도 변화한다. 그 변화를 좌우하는 것은 헤게모니적 기표다. 지금 한국 20대를 결집하는 기표는 '공정'과 '반-위선'이다. 이 기표를 기준으로 20대들은 문재인 정부와 민주당과 사회적 약자들을 적대 대상으로 삼는다. 하지만 이러한 결집을 가능케 하는 동력과 인력은 따로 있다. 20대의 반-정부 경향은 헤게모니적 기표가 덧씌운 표피에 불과하다. 그것을 들어내면 앞서 말한 몰락에 대한 불안으로 가득한 몸부림, 떨림들이 있다. 이 떨림들은 자유주의 정치에서 주변부로 밀려나 보이지 않은 채로 존재한다. 이것이 헤게모니적 기표에 입각해 자유주의 정치의 언어로 번역된 것이 반-정부 경향과 사회적 약자들을 향한 혐오다. 즉 한국사회의 당면 과제로 떠오른 20대 현상이라는 것을 사고할 때 반-정부 경향, 보수화, 혐오만이 아니라 이것들의 근원이 되는, 오늘보다 나은 내일을 기대하기가 불가능하리라는 불안, 기대를 불가능하게 만드는 사회 구조에 대한 불만에 시선이 닿아야 한다.

가장 위태로운 자들의 급진 ——————

지금 이대로는 오늘보다 나은 내일은 오지 않으리라는 것을 아주 잘 알고 있는 20대들은 그러나 정치적 상상력이 협소한 탓에, 무엇을 요구해야 하는지, 어떠한 변화를 지향해야 하는지 갈피를 못 잡고 있다. 새로운 무언가를 바라고 있다는 것은 확실하다. 20대들이 지금 정치와 사회를 대하는 멘털리티는 브레히트의 잠언으로 요약할 수 있다. 올바르지만 오래된 것보다 나쁘더라도 새로운 것이 낫다. 그들의 상상력으로 그 새로움이란 정권교체에 머무른다. 그럼에도 그 이상의 열망은 항상 남아 있다. 그리고 그들이 바라는 변화의 방향은 정해져 있지 않은 상태다.

아무런 방향이 없이, 모든 전통이나 가치들을 통째로 부정하고 파괴한 뒤 바닥부터 시작하는 것만이 새로움이라고 생각하는 사람도 있다. 타노스나 조커 같은 영화 캐릭터에 빙의해 자신의 반-사회적 언동을 합리화하는 사람이 늘고 있으며, 그에 찬동하는 이들도 우려스러운 수준으로 증가하고 있다. 반-위선의 기치에 경도된 나머지 일체의 사회적 규범을 내던져버리고 해서는 안 되는 말과 행동을 서슴지 않는다. 자신의 기분을 조금이라도 상하게 한 사람에게 폭언을 퍼붓고, 그러한 행동을 '사이다'라며 떠받든다. 특히 반-페미니즘의 층위까지 더해진 20대 남성들은 이성에게 잘 보이기 위한 최소한의 매너까지 부정해버리고, 그러면서도 자신들을 '있는 그대로' 사랑해주지 않는다며 여성을 저주한다. 이들을 가리켜 보수화되었다고 말하는 것은 지나친 선해다. 보수화가 아니라 과격화라고 함이 정확할 것이다.

이 '과격화'를 긍정적인 '급진화'로 전환시킬 수는 없을까? 여러 번 강조했듯이 20대 현상의 표피는 헤게모니적 기표에 근간한 헤게모니적 접합의 산물이다. 헤게모니적 기표는 자연스럽게 발생하기도 하고, 언론과 정치의 손에 인위적으로 만들어지기도 한다. 지금 한국에서 20대를 동원하는 기표는 보수 세력이 완전하게 전유하고 있다. 문재인 정부와 민주당발 비리가 터질 때면 그보다 왼쪽의 진보 좌파 진영은 늘 정부·여당의 위선과 '내로남불', 불공정을 공격하는 것으로 존재감을 과시하려 했다. 하지만 이는 20대의 지지는커녕 과격한 반-위선 프레임과 극우의 공정 프레임을 강화하는 결과만 초래했다.

20대 현상에 대한 헤게모니 전략의 구상은 20대들을 무엇으로 호명해야 하는가라는 질문에서 출발해야 한다. 20대들을 '분노한 자들'로 호명하자는 제안은 많이 나왔다. 하지만 분노가 전략적으로 효과적이고 지구력이 있는 기표가 되리라 기대하기는 힘들다. 보통 사람의 분노가 기득권 엘리트의 분노에 등치되고 종속될 위험이 있으며 극우 포퓰리즘에 의해 기표가 전유될 위험이 매우 크다.

부르주아지, 기득권 엘리트층을 제외한 나머지 보통 사람으로서 20대들이 공동으로 맞이하고 있고 곧 맞이할 문제, 공동으로 답해야 할 질문을 찾아야 한다. 개인적 차원의 노력, 경제 행위를 압도하는 불가항력의 사회적 조건들에 대한 문제의식이 담겨야 한다. 나는 지속되는 일자리 감소 및 그것을 가속화하는 자동화, 불가피한 계층 하강, 기후 변화, 자원 고갈 등 혼돈 속에서의 실존적 위협에 놓여 풍전등화와 같은 상태에 있는 이들을 호명하는 기표로 '위태로운 자들'을 제안한다. 이것을 단지 제도권 정치 차원에서 표심 공략으로만 활용할 것이 아니라, 제도 정치 바깥으로부터 내부를 재구조화할 압력으로 작용케 해야 한다. 협소한 정치적 상상력을 완벽히 벗어난 급진적인 상상력을 제시하는 담대함을 전제한다면, 20대에서부터 일고 있는 포퓰리즘이 새로운 사회적 투쟁의 출발점이자 동력이 될 가능성을 조심스럽게 낙관할 수 있다.

희미하나마 희망적인 전망을 가지고 있어야만 더 풍부한 후속 논의가 가능하다. 포퓰리즘은 새로운 사회적 투쟁의 출발점일 수 있으며, "극우적 선동의 다른 한편에 자본주의를 벗어나고자 하는 몸부림들"[17]은 분명히 존재한다. 맹점에 위치한 저 몸부림들을 수면 위로 끌어올릴 수 있다면 새로운 급진 정치로의 전환은 충분히 가능한, 지금 여기의 시나리오다.

머리말

1   이승원, 〈포퓰리즘의 발흥과 민주적 포퓰리즘의 가능성〉,《황해문화》, 113
호, 2021, 92쪽.

프롤로그

1   제19대 대통령선거(2017) 지상파 3사 출구조사 기준.

2   홍세화, 〈그대 이름은 무식한 대학생〉,《한겨레》, 2003년 2월 18일.

1. 만들어진 세대

1   데이비드 이글먼 지음, 전대호 옮김,《더 브레인》, 해나무, 2017, 58쪽.

2   심광현, 〈세대의 정치학과 한국현대사의 재해석〉,《문화과학》 제62호,
2010, 49-56쪽.

3   오찬호,《우리는 차별에 찬성합니다》, 개마고원, 2013, 5쪽.

4   같은 책, 18쪽.

5   같은 책, 27쪽.

6   같은 책, 195쪽.

7   같은 책, 60쪽.

8   최태섭,《한국, 남자》, 은행나무, 2018, 244쪽.

9 같은 책, 253쪽.

10 엄기호, 〈보편성의 정치와 한국의 남성성〉, 권김현영 편, 《한국 남성을 분석한다》, 2017, 178쪽.

11 김성윤, 〈"우리는 차별을 하지 않아요": 진화된 혐오담론으로서 젠더 이퀄리즘과 반달문화〉, 《문화과학》 제94호, 2018, 108쪽.

12 정희진, 〈한국 남성의 식민성과 여성주의 이론〉, 권김현영 편, 《한국 남성을 분석한다》, 2017년, 53쪽.

13 최종숙, 〈'20대 남성 현상' 다시 보기: 20대와 3040세대의 이념성향과 젠더의식 비교를 중심으로〉, 《경제화사회》 제125호, 2020.

14 박원익·조윤호, 《공정하지 않다》, 지와인, 2019, 99쪽.

15 같은 책, 101쪽.

16 임명묵, 《K-를 생각한다》, 사이드웨이, 2021, 83쪽.

17 〈KBS 세대인식 집중조사④ 세대가 아니라 세상이 문제다〉, 《KBS》, 2021, https://news.kbs.co.kr/news/view.do?ncd=5218373

2. 혐오

1 심광현, 〈재난자본주의와 감정의 정치학: 불황과 우울증의 변증법〉, 《문화연구》 1-1, 2012.

2 베네딕트 데 스피노자 지음, 강영계 옮김, 《에티카》, 서광사, 2007, 180쪽.

3 데이비드 이글먼 지음, 전대호 옮김, 《더 브레인》, 해나무, 2017, 84쪽.

4 리사 펠드먼 배럿 지음, 최호영 옮김, 《감정은 어떻게 만들어지는가》, 생각연구소, 2017, 199쪽.

3. 포퓰리즘

1 얀 베르너 뮐러 지음, 노시내 옮김, 《누가 포퓰리스트인가》, 마티, 2017, 29쪽.

2 폴 태가트 지음, 백영민 옮김, 《포퓰리즘》, 한울아카데미, 2017, 24쪽.

3 서병훈, 《포퓰리즘》, 책세상, 2008, 27쪽.

4   얀 베르너 뮐러, 위의 책, 37쪽.

5   존 B. 주디스 지음, 오공훈 옮김, 《포퓰리즘의 세계화》, 메디치미디어, 2017, 27쪽.

6   진태원, 〈포퓰리즘, 민주주의, 민중〉, 《역사비평》 제105호, 2013, 196쪽.

7   서병훈, 〈포퓰리즘과 민주주의〉, 《이베로아메리카연구》 제23권 2호, 2021, 9쪽.

8   Ernesto Laclau, 〈Populism: What's in a Name?〉, Francisco Panizza, 《Populism and the Mirror of Democracy》, 2005, 47쪽.

9   김성기, 〈포스트 마르크스주의의 한 시각〉, 에르네스토 라클라우·샹탈 무페 지음, 김성기 외 옮김, 《사회변혁과 헤게모니》, 터, 1990, 284쪽.

10   같은 글, 286쪽.

11   김정한, 《비혁명의 시대》, 빨간소금, 2020, 173쪽.

12   서영표, 〈라클라우가 '말한 것'과 '말할 수 없는 것': 포스트마르크스주의의 유물론적 재해석〉, 《마르크스주의 연구》 제13권 1호, 2016.

13   에르네스토 라클라우, 〈헤게모니와 새로운 정치주체〉, 에르네스토 라클라우·샹탈 무페 지음, 김성기 외 옮김, 《사회변혁과 헤게모니》, 터, 1990, 271쪽.

14   샹탈 무페, 〈헤게모니와 새로운 정치주체〉, 에르네스토 라클라우·샹탈 무페, 같은 책, 243쪽.

15   Ernesto Laclau, 《On Populist Reason》, 2005.

16   샹탈 무페 지음, 이보경 옮김, 《정치적인 것의 귀환》, 후마니타스, 2007, 91쪽.

4. 낡은 것은 가고, 새로운 것은 오지 않은

1   낸시 프레이저 지음, 김성준 옮김, 《낡은 것은 가고 새것은 아직 오지 않은》, 책세상, 2021.

2   정인경·박상현·윤종희·박정미, 《인민주의 비판》, 공감, 2005, 18쪽.

3   조반니 아리기 지음, 백승욱 옮김, 《장기 20세기》, 그린비, 2014, 545쪽에서

재인용.

4   백승욱,《자본주의 역사 강의》, 그린비, 2006, 284쪽.

5   조반니 아리기, 같은 책, 596쪽.

6   같은 책, 595쪽.

7   박상현,〈동아시아와 세계체계 연구: 쟁점과 전망〉,《사회와 역사》제92집, 2011.

8   박상현, 같은 글.

9   스튜어트 홀 지음, 임영호 옮김,《문화, 이데올로기, 정체성》, 컬처룩, 2015, 333쪽.

10   R. Murray,〈포드주의와 포스트 포드주의〉, 강석재·이호창 편역,《생산혁신 과 노동의 변화》, 새길, 1993, 97쪽.

11   같은 글, 99쪽.

12   임운택,〈포스트-포드주의로의 변형과 '유연한' 자본주의〉,《한국사회학》 제37집 6호, 2003.

13   김진업,《한국자본주의 발전모델의 형성과 해체》, 나눔의집, 2001, 172쪽.

14   문영찬,〈한국 자본주의의 현 단계와 계급 구성〉,《노동사회과학》제7호, 2014, 256쪽.

15   최철웅,〈일상의 금융화와 탈정치화의 정치〉,《문화과학》74호, 2013, 287 쪽.

16   강내희,《신자유주의 금융화와 문화정치경제》, 문화과학사, 2014, 53쪽.

17   Tom Bottomore 지음, 임석진 옮김,《마르크스 사상사전》, 청아출판사, 1988, 523쪽.

18   앙드레 고르 지음, 이현웅 옮김,《프롤레타리아여 안녕》, 생각의나무, 2011, 35-36쪽.

19   문순홍,〈앙드레 고르: 현대 자본주의 비판과 사적 영역의 재탈환 정치〉,《문 화과학》제27호, 2001, 233쪽.

20   에릭 올린 라이트 지음, 김왕배 옮김,《국가와 계급구조》, 화다, 1985, 90쪽.

5. 기만과 위선의 정치

1   손호철,《촛불혁명과 2017년 체제》, 서강대학교출판부, 2017, 40쪽

2   장덕진 외,《세월호가 우리에게 묻다: 재난과 공공성의 사회학》, 한울아카데
     미, 2015, 86쪽.

3   김정한, 〈박근혜 정부의 통치전략: 헤게모니 없는 배제의 정치〉,《문화과학》
     제77호, 2014.

4   지주형,《한국 신자유주의의 기원과 형성》, 책세상, 2012, 133쪽.

5   Slavoj Žižek, 〈The Non-existence of Norway〉,《London review of
     books》vol 37 no 17, 2015.

6   강준만,《강남좌파: 민주화 이후의 엘리트주의》, 인물과사상사, 2011, 34쪽.

7   낸시 프레이저 지음, 김성준 옮김,《낡은 것은 가고 새것은 아직 오지 않은》,
     책세상, 2021, 20-21쪽.

6. 20대의 탈-정치적 정치

1   서영표, 〈막다른 길의 포퓰리즘, 하지만 새로운 사회적 투쟁의 출발점〉, 맑
     스코뮤날레,《전환기의 한국사회: 성장과 정체성의 정치를 넘어》, 갈무리,
     2019, 226쪽.

2   같은 글, 245쪽.

3   예컨대 최태섭의 인터뷰, 〈[김희원의 질문] '한국, 남자' 쓴 사회학자 최태섭
     씨 "이남자 잡는다면서 남초 카페서 이슈 캐오는 정치, 그만둬라"〉,《한국일
     보》, 2021년 4월 22일.

4   김내훈,《프로보커터: '그들'을 도발해 '우리'를 결집하는 자들/주목경제 시
     대의 문화정치와 관종 멘털리티 연구》, 서해문집, 2021, 72-73쪽.

5   같은 책, 101쪽.

6   데일리 오피니언 제464호(2021년 9월 2주), https://www.gallup.co.kr/
     gallupdb/reportContent.asp?seqNo=1238

7. 정치 불균형과 협소한 정치적 상상력

1   김윤철 외, 《〈토론회〉 포퓰리즘 시대의 민주주의 정치의 실패인가, 전환인 가?》, 《시민과 세계》 제33호, 2018.

2   강준만, 《싸가지 없는 진보: 진보의 최후 집권 전략》, 인물과사상사, 2014, 67쪽.

8. 진짜 분노를 가리는 학습된 분노

1   김내훈, 《프로보커터》, 서해문집, 2021, 73쪽.

9. 외부인의 생성

1   오찬호, 《우리는 차별에 찬성합니다》, 개마고원, 2013, 60쪽.

2   김성윤, 〈"우리는 차별을 하지 않아요": 진화된 혐오담론으로서 젠더 이퀄리 즘과 반다문화〉, 《문화과학》 제94호, 2018, 115쪽.

3   같은 글, 117쪽.

4   야스차 뭉크 지음, 함규진 옮김, 《위험한 민주주의: 새로운 위기, 무엇이 민 주주의를 파괴하는가》, 와이즈베리, 2018, 221쪽.

10. 미래는 중단되었다

1   앤드루 양 지음, 장용원 옮김, 《보통 사람들의 전쟁》, 흐름출판, 2019, 9쪽.

11. 헤게모니 전쟁

1   이진경, 〈대중운동과 정치적 감수성의 몇 가지 체제〉, 《마르크스주의 연구》, 제11권 3호, 2014, 107쪽.

2   같은 글, 107쪽.

3   같은 글, 109-110쪽.

4   같은 글, 119쪽.

5   같은 글, 120쪽.

6   같은 글, 125쪽.

7   같은 글, 126쪽.

8   같은 글, 127쪽.

9   같은 글, 132쪽.

10   서영표, 〈촛불 이후: '한 여름 밤의 꿈'은 현실의 우리에게 무엇을 말해주었
        나?〉, 성공회대민주주의연구소 급진민주주의연구모임, 《민주주의의 외부와
        급진 민주주의 전략》 창간준비 1호, 2009, 360쪽.

11   같은 글, 361쪽.

12   김은비, 〈2016년도 촛불시위의 재해석: 참여자 정체성의 다층적 분석〉, 이
        화여자대학교 대학원 석사학위논문, 2019.

13   같은 글, 27쪽.

14   같은 글, 27쪽.

15   고원, 《촛불 이후: 새로운 정치 문명의 탄생》, 한울, 2017, 29쪽.

16   진태원, 〈포퓰리즘, 민주주의, 민중〉, 《역사비평》 제105호, 2013, 185쪽.

17   김정희원, 〈'공정'의 이데올로기, 문제화를 넘어 대안을 모색할 때〉, 《황해문
        화》 제109호, 2020, 31쪽.

에필로그

1   스튜어트 카우프만 지음, 국형태 옮김, 《혼돈의 가장자리》, 사이언스북스,
        2002.

2   루이 알튀세르 지음, 서관모·백승욱 편역, 《철학과 마르크스주의》, 중원문
        화, 2017, 36쪽.

3   같은 책, 82쪽.

4   앤디 메리필드 지음, 김병화 옮김, 《마주침의 정치》, 2015, 105쪽.

5   같은 책, 107쪽.

6   장훈교, 〈우리에게 급진 민주주의란 무엇인가〉, 성공회대민주주의연구소
        급진민주주의연구모임, 《민주주의의 외부와 급진 민주주의 전략》, 창간준
        비 1호, 2009, 190쪽.

7   클레이 셔키 지음, 이충호 옮김, 《많아지면 달라진다: '1조 시간'을 가진 새로

운 대중의 탄생》, 갤리온, 2011, 20쪽.

8   같은 책, 51쪽.

9   클레이 셔키 지음, 송연석 옮김, 《끌리고 쏠리고 들끓다》, 갤리온, 2008, 57 쪽.

10   앤디 메리필드 지음, 박준형 옮김, 《아마추어: 영혼 없는 전문가에 맞서는 사 람들》, 한빛비즈, 2018, 39쪽.

11   샹탈 무페 지음, 이보경 옮김, 《정치적인 것의 귀환》, 후마니타스, 2007, 91 쪽.

12   같은 책, 116쪽.

13   같은 책, 117쪽.

14   앤디 메리필드 지음, 박준형 옮김, 《아마추어: 영혼 없는 전문가에 맞서는 사 람들》, 한빛비즈, 2018, 159쪽.

15   샹탈 무페 지음, 이승원 옮김, 《좌파 포퓰리즘을 위하여》, 문학세계사, 2019, 24쪽.

16   장훈교, 〈시민에서 비시민으로: 잉여성의 관리구조와 불안, 그리고 연대〉, 급진민주주의 연구모임 데모스 엮음, 《급진 민주주의리뷰 데모스 2011 No.1》, 데모스, 2011, 206쪽.

17   서영표, 〈막다른 길의 포퓰리즘, 하지만 새로운 사회적 투쟁의 출발점〉, 맑 스코뮤날레, 《전환기의 한국사회: 성장과 정체성의 정치를 넘어》, 갈무리, 2019, 245쪽.